*Intemporels
pour futures mamans*

Conception et réalisation graphique : Delphine Delastre
© Flammarion, Paris 2009
Tous droits réservés
N° d'édition : L.01EPMN000269.C003
ISBN : 978-2-0812-1435-4
Dépôt légal : juin 2009
editions.flammarion.com

Astrid Le Provost
Photographies Paul Bertin

Intemporels pour futures mamans

Flammarion

Sommaire

Avant de commencer 11
Conseils et astuces de couture 17

LES OUVRAGES

Les hauts
La blouse à manches longues raglan 31
La blouse à manches courtes raglan 32
La tunique liquette 34
La tunique cache-cœur 39
La tunique à encolure carrée 44

Les robes
La robe à encolure plissée 47
La robe à empiècement carré 50
La robe taille Empire à manches courtes 55
La robe tunique à encolure en U 57
La robe à bretelles 58
La robe à manches trois-quarts 62
La robe à encolure polo 67
La robe cache-cœur portefeuille 69
La robe tunique à encolure djellaba 70

Les bas
La jupe évasée 75
Le pantalon à ceinture coulissée 77
Le pantalon avec ceinture bandeau 78

Les vestes et les manteaux
Le manteau ceinturé 83
Le manteau trois-quarts 86
La veste kimono 91
Le gilet sans manches 94

Pour la maison
Le burnous 100
La chemise liquette 103
La nuisette années 30 104
La chemise de nuit à manches longues 106

Les accessoires
Les broches en fleurs de cerisier 111
La ceinture obi 114
La ceinture Empire drapée 116
Les babouches 121
Les ballerines 123
Le coussin de repos et d'allaitement 126

Les patrons 130
Carnet d'adresses 139
Remerciements 141

Avant de commencer

DES FORMES ET DES MATIÈRES CONFORTABLES POUR LES FUTURES MAMANS

L'attente de l'arrivée d'un bébé est une joie qu'aucun petit souci ne devrait ternir. Le confort est donc primordial durant cette période. Bien souvent, les formes intemporelles ont fait leurs preuves pour s'habiller de manière pratique et confortable alors que le corps change au cours des mois. Ces modèles basiques peuvent facilement être adaptés à la mode actuelle et agrémentés d'accessoires, sans oublier que souvent simplicité rime avec classe et élégance. Ils permettront aux femmes enceintes de passer ces quelques mois avec grâce en se sentant toujours à l'aise dans des vêtements adaptés à chaque trimestre de cette merveilleuse attente.

CHOISIR LES BONS TISSUS ET LES JOLIES MATIÈRES

Pour la garde-robe de la future maman comme pour celle des nouveau-nés ou des enfants, le choix des tissus est très important pour le confort et la facilité d'entretien. Je recommande particulièrement l'utilisation de matières naturelles comme le lin, le métis, le coton pur ou la laine. De la qualité et de la finesse du tissu dépendra la réussite de vos ouvrages. En plus d'être agréables à porter et très faciles à laver, le lin ou le coton ont l'avantage d'être doux pour la peau sensible des futures mamans.

Pour les hauts, comme pour les jupes ou pantalons, je recommande d'utiliser des tissus en coton ou en lin. Ces tissus feront des vêtements à la fois chics, doux et confortables en toute saison. Pour les manteaux et les vestes, les lainages pourront réchauffer les épaules des futures mamans.

Pour les autres fournitures, je vous conseille de choisir aussi des matières naturelles : la nacre ou le bois pour les boutons. D'ailleurs, ces matières sont à nouveau à l'honneur et l'on trouve maintenant de nombreux boutons de nacre aux couleurs variées et dans des formes charmantes. Ils sont très décoratifs et parachèveront avec simplicité les vêtements.

Enfin, il est préférable de laver et repasser les tissus avant de les coudre, pour éviter que le vêtement fini ne rétrécisse, ce qui pourrait se produire avec les fibres naturelles comme le coton ou le lin. Ce serait très dommage et peut-être inconfortable.

CHOISIR LA BONNE TAILLE

Les patrons de cet ouvrage sont conçus spécialement pour les futures mamans. Ils comportent donc l'aisance nécessaire et le tour de poitrine a été augmenté pour tenir compte de vos nouvelles formes. Vous pouvez donc choisir en fonction de votre taille habituelle avant la grossesse. Cependant, vous pouvez comparer vos mesures à celles du tableau ci-après :

Tableau de mesures

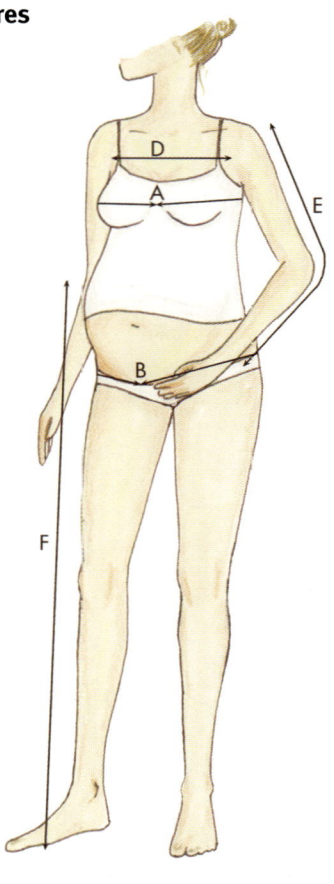

		36	38	40	42	44	46
A	Tour de poitrine	84 cm	88 cm	92 cm	96 cm	100 cm	104 cm
B	Tour de hanches	88 cm	92 cm	96 cm	100 cm	104 cm	108 cm
C	Carrure de dos	35 cm	35,5 cm	36 cm	36,5 cm	37 cm	37,5 cm
D	Carrure devant	32 cm	32,5 cm	33 cm	33,5 cm	34 cm	34,5 cm
E	Longueur de bras	60 cm	60 cm	60 cm	60 cm	60 cm	60 cm
F	Hauteur de côté de la taille à terre	102 cm	102 cm	102 cm	102 cm	102 cm	102 cm

Si besoin, vous pouvez rallonger ou raccourcir les tuniques, les robes, les jupes et les pantalons. La façon la plus simple est de le faire à la ligne d'ourlet. Mais pour les cas où il n'est pas possible d'effectuer un ajustement sans modifier la largeur à l'ourlet, il conviendra de procéder comme suit :

• Pour rallonger :
Tracez une ligne sur le patron à l'emplacement où vous devez rallonger. Coupez le patron sur cette ligne. Écartez les 2 morceaux du patron et placez un morceau de papier de la largeur de la pièce. Fixez les 2 morceaux du patron avec du ruban adhésif sur des lignes parallèles dont l'écart correspond à la quantité de tissu à rallonger.

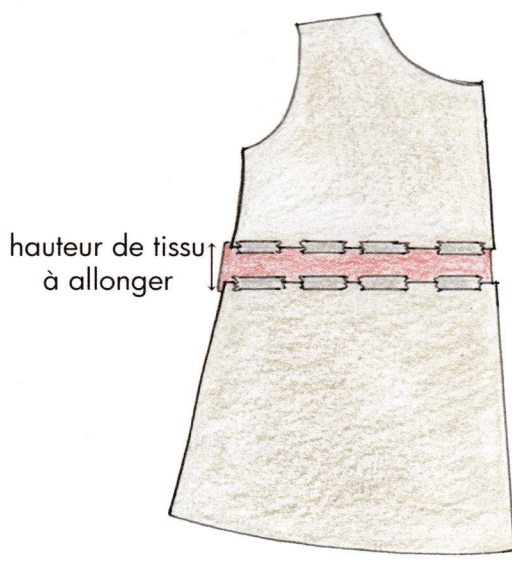

• Pour raccourcir :
Tracez 2 lignes sur le patron, parallèles à l'emplacement où vous devez raccourcir. La distance entre les lignes correspond à la quantité de tissu à raccourcir. Pliez la ligne inférieure sur la ligne supérieure et fixez avec du ruban adhésif.

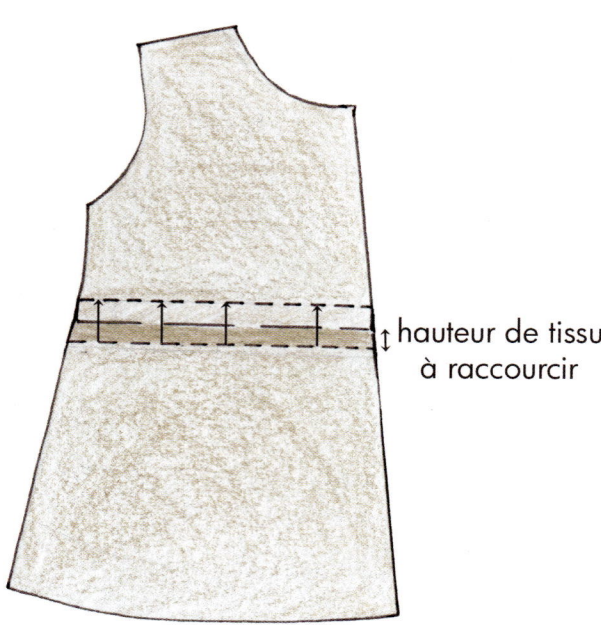

Conseils et astuces de couture

Le matériel nécessaire

Pour la coupe :
Une grande table
Une règle graduée de 60 cm
Un mètre ruban
Du papier de soie pour reproduire les pièces des patrons
Un crayon graphite
Une craie tailleur
Une paire de ciseaux

Pour la couture :
Une machine à coudre
Des aiguilles longues de différentes grosseurs
Des épingles
Des épingles à nourrice
Des petits ciseaux fins pour cranter et pour recouper les fils
Du coton à bâtir
Du fil

Les sens du tissu

Le tissu a deux droits-fils : le sens de la lisière dans la longueur du tissu (ou chaîne) et la trame (largeur du tissu ou sens perpendiculaire aux lisières).
En général, les pièces des vêtements sont coupées dans le sens de la lisière, dans la longueur du tissu. Quelques pièces peuvent être coupées dans le sens de la largeur du tissu pour faire des effets originaux, en particulier dans les tissus à rayures.
Pour le velours milleraies, il est important de bien veiller au sens lors de la coupe du tissu, en plaçant le haut des pièces toujours du même côté. Il faut tailler les pièces en prenant le velours à « rebrousse-poil » de haut en bas. Ainsi, le coloris sera intense et plus uni.
Certaines pièces peuvent aussi être coupées dans le biais, ce qui leur donne une certaine élasticité.
C'est particulièrement utile pour border les arrondis ou les courbes et faire de jolies finitions.

GLOSSAIRE

Pliure : placez la ligne du patron exactement sur la pliure. Ne coupez pas sur cette ligne.
Froncer : piquez à grands points sur la ligne de couture (10 mm du bord) et à 5 mm du bord dans le rentré de couture. Arrêtez ces coutures par un point avant et arrière à l'une des extrémités. Laissez les fils libres à l'autre extrémité. Pour froncer, tirez les fils de canette (les fils du dessous) et répartissez les fronces sur la largeur du tissu.
Points invisibles ou points coulés : glissez l'aiguille dans le bord plié puis faites un point dans le vêtement en ne prenant qu'un seul fil du tissu. Continuez ainsi sur la longueur du travail en espaçant les points de 5 mm environ.
Surpiquer : piquez à travers toutes les épaisseurs de tissu. Cette couture est apparente sur l'endroit du vêtement, à l'inverse de la piqûre qui se fait sur l'envers de l'ouvrage.

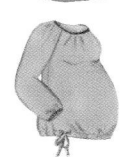

Ourlet rentré : faites un pli à quelques millimètres du bord non fini, puis repliez une deuxième fois le tissu. Surpiquez ou fixez à points coulés.
Soutenir : piquez à grands points sur la ligne de couture. Lors de l'assemblage, tirez légèrement les extrémités du fil de canette, sans faire de fronces. Ceci permet de répartir l'embu (aisance prévue dans la coupe) ou d'ajuster des tissus taillés dans le biais ou en arrondi, comme le haut des manches par exemple.

Former un biais
Le biais est une bande de tissu coupée dans la diagonale du tissu plié en alignant le droit-fil lisière et la trame. De ce fait, le biais est doté d'une certaine élasticité, il se place plus facilement sur les découpes arrondies, les dessous de col, les passepoils. Coupez le biais sur la diagonale à 45° du tissu plié, puis recoupez sur une seconde ligne à égale distance de la première. La distance entre les 2 lignes parallèles correspondra à la hauteur du biais, en général 2 cm.

Pour raccorder 2 morceaux de biais, superposez les 2 bandes de biais, endroit contre endroit, en formant un angle droit. Piquez puis recoupez les rentrés de couture à 3 mm de la piqûre. Repassez en ouvrant les rentrés de couture.

La coupe

Avant de positionner le patron sur le tissu, il convient de repérer l'endroit du tissu et de savoir s'il a un sens. Ce n'est en général pas le cas avec les toiles de lin ou les popelines, ce qui facilite le travail.

De nombreux tissus sont vendus déjà pliés avec l'endroit du tissu à l'intérieur du pli. Pour les tissus qui ont un sens, les imprimés par exemple, il est important que toutes les pièces soient placées dans le même sens en veillant par exemple à ce que les motifs ne soient pas à l'envers, les fleurs en particulier. Les pièces des patrons ne représentent que la moitié du vêtement. Il convient donc de plier le tissu en deux dans le sens de la longueur, avec les lisières bien parallèles et l'endroit du tissu à l'intérieur du pli. Placez ensuite les pièces du patron sur le tissu plié pour avoir les 2 pièces bien symétriques. Certaines pièces doivent être placées sur la pliure du tissu. Ces indications devront être soigneusement repérées avant de couper. Une fois le patron épinglé sur le tissu, coupez les pièces en suivant les contours du patron. Les valeurs de couture de 1 cm sont comprises ainsi que les ourlets de 3 cm sauf si le patron comporte des indications différentes. Marquez les repères de montage à la craie sur le tissu avant d'enlever le patron.

La triplure ou entoilage

Pour que certaines pièces soient bien finies, il faut les entoiler. Pour cela, vous trouverez de l'entoilage en non-tissé ou en coton thermocollant. Cependant, je trouve que ces entoilages ont un effet « carton » et ont tendance à faire plisser le tissu et à se décoller au cours des lavages. C'est pourquoi je vous conseille d'utiliser plutôt une fine cotonnade blanche (blanche ou foncée selon la couleur du tissu utilisé) que vous taillerez selon le même gabarit que la pièce à entoiler et que vous bâtirez sur l'envers de celle-ci. Cela donnera une meilleure tenue aux cols et vous permettra de faire de beaux arrondis.

Le montage et les finitions

Pour que votre ouvrage soit fin et délicat, je vous recommande particulièrement de soigner les finitions. Des petits points serrés et de très fins ourlets « faits main » donneront un résultat plus charmant à vos ouvrages. De même, les biais bordant les encolures ou les arrondis de petites pièces seront plus jolis s'ils sont étroits et fixés à la main à petits points invisibles.

Cranter

Le second secret de la réussite de ces ouvrages, ce sont des rentrés de couture soigneusement recoupés et crantés pour faire de jolies encolures ou des angles bien nets. Veillez donc à recouper les rentrés de couture pour ne pas faire de surépaisseurs disgracieuses et à les surfiler et les repasser en les ouvrant au fur et à mesure de l'assemblage. Pour bien aplatir les coutures, il est très important de bien cranter les rentrés de couture des arrondis et les courbes des emmanchures ou des encolures ainsi que les angles (voir illustration). J'insiste particulièrement sur ce point, car il est primordial pour obtenir des vêtements qui se placent bien et soient confortables. À défaut, ils risqueraient de tirailler et de mal se positionner.

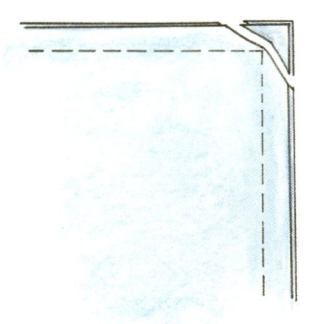
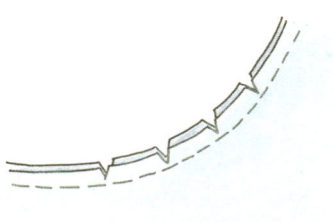
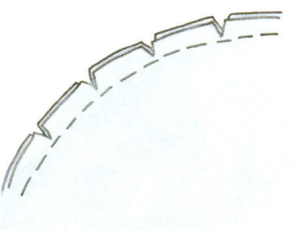

Dans les explications des ouvrages, vous trouverez les mesures des élastiques nécessaires pour les vêtements. Ces mesures peuvent avoir besoin d'être ajustées en fonction de la souplesse de l'élastique que vous utiliserez. Si vous utilisez un élastique très raide, ces mesures devront être augmentées. Un élastique trop serré peut gêner, un élastique trop lâche aussi.

Montage et finition avec un biais
Pour finir une encolure ou une emmanchure, le montage d'un biais rabattu sur l'envers donnera un fini très soigné. Taillez un biais dans le tissu selon les indications ci-dessus. Posez le biais sur le vêtement, endroit contre endroit. Bâtissez puis piquez. Recoupez les rentrés de couture à 3 ou 4 mm de la piqûre. Crantez les rentrés de couture. Surpiquez le biais et les rentrés de couture ensemble, au ras de la couture, sur l'endroit. Recoupez le biais s'il est trop large. Repliez complètement le biais sur l'envers. Faites un rentré très étroit, de quelques millimètres. Le biais fini doit mesurer 4 ou 5 mm de large. Bâtissez le biais sur le vêtement. Surpiquez ou fixez à points invisibles.

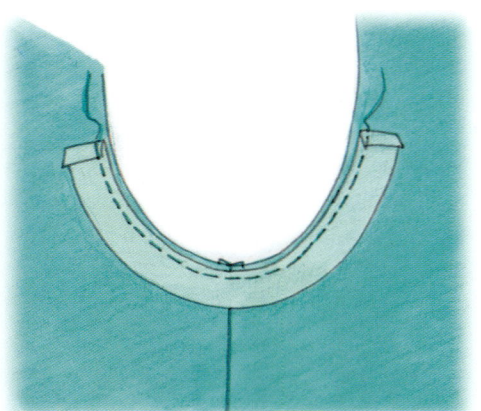 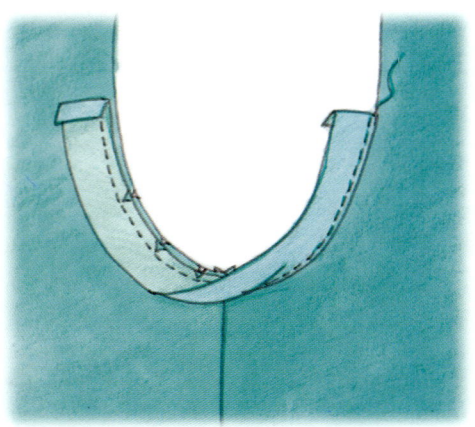

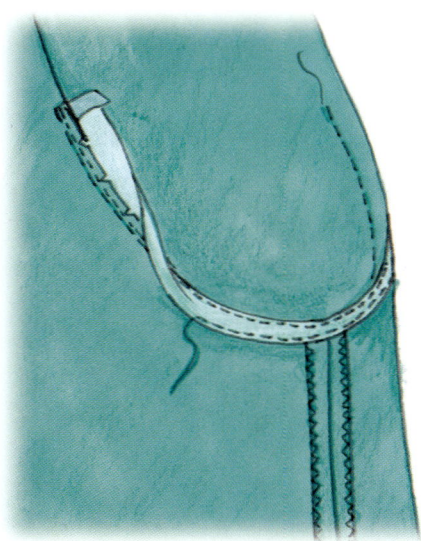

Montage d'une patte indéchirable pour finir une fente

Coupez un biais dans le tissu selon les indications ci-dessus, de 2 cm de large et dont la longueur est égale à 2 fois la longueur de la fente. Fendez le vêtement à l'emplacement de la patte indéchirable (milieu dos ou devant par exemple), sur la longueur de la patte moins 4 mm. Au bas de la fente, faites 2 entailles de 2 mm pour former un « Y » inversé. Bâtissez le biais de chaque côté de la fente, à 3 mm du bord, endroit contre endroit. Piquez en pivotant au bas de la fente.

Repliez la patte indéchirable en deux, sur l'envers. Faites un rentré de 5 mm et bâtissez la patte indéchirable le long de la piqûre de montage. Fixez à points invisibles sur l'envers le long de la piqûre.

Superposez les deux côtés de la patte indéchirable et fixez-les ensemble à points invisibles, au bas de la fente. Repliez l'un des côtés de la patte indéchirable sur l'envers du vêtement, selon le sens du boutonnage (côté droit de la patte pour un boutonnage fille, côté gauche de la patte pour un boutonnage garçon ou mixte).

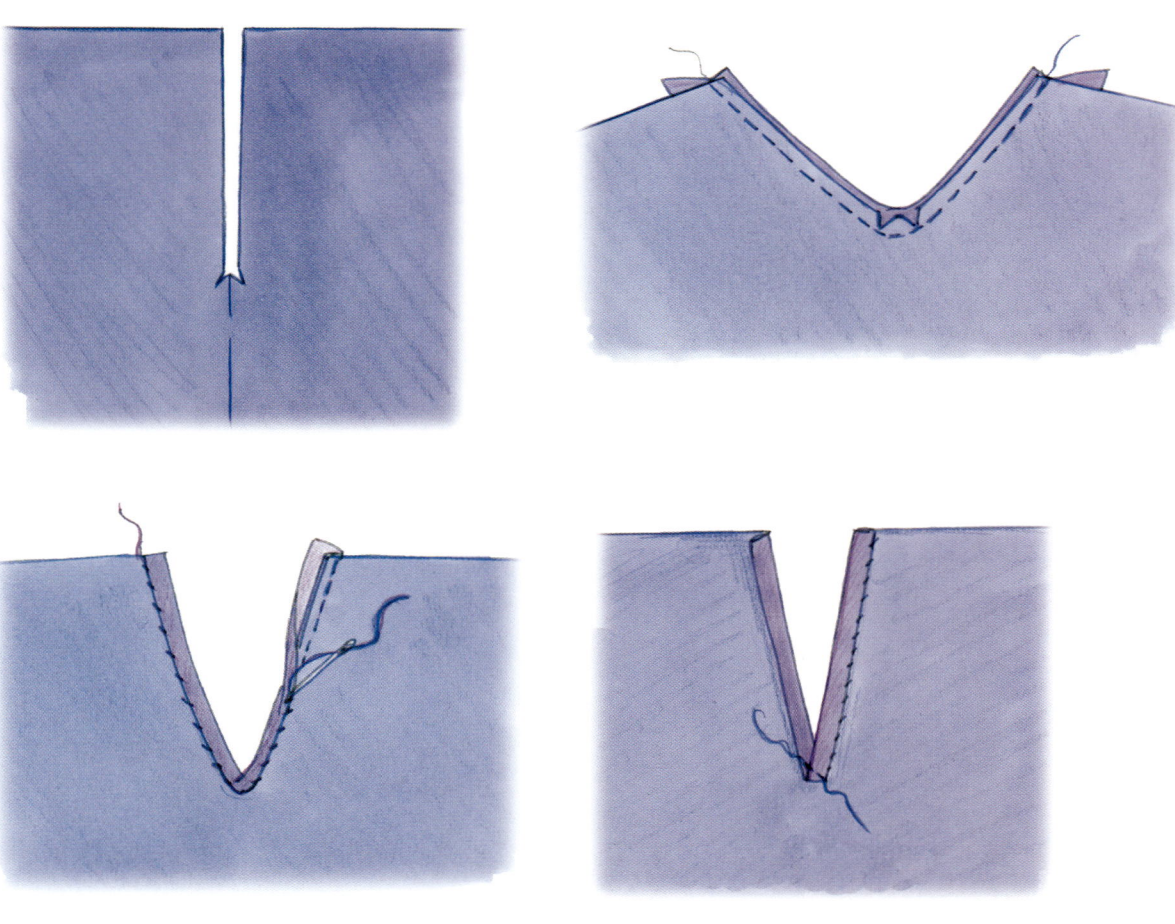

Montage d'une patte polo

Coupez 2 bandes de tissu, dans le droit-fil, dont la longueur est égale à la longueur de la patte finie plus 2 cm, et la largeur est égale à 2 fois la largeur de la patte finie plus 2 cm (par exemple, 8 cm pour une patte dont la largeur finie sera de 3 cm).

Pour vous aider, vous pouvez dessiner le tracé de la fente à la craie tailleur sur le tissu.

Posez les 2 bandes de chaque côté de la ligne de la fente, endroit contre endroit du vêtement, en laissant un espace entre les 2 bandes parallèles si la largeur de la patte finie est supérieure à 2 cm. Bâtissez chaque bande à 1 cm du bord. Piquez. Coupez le tissu du vêtement sur la ligne de fente, entre les 2 bandes. Crantez le bas de la fente jusqu'aux extrémités des piqûres, en formant un « Y » inversé.

Pliez les bandes en deux vers l'envers du vêtement. Faites un ourlet rentré en repliant 1 cm de rentré de couture et bâtissez le long de la piqûre de montage. En haut de la patte, rentrez les extrémités des pattes à l'intérieur. Bâtissez. Surpiquez ou fixez à points invisibles les extrémités et les pattes le long de la piqûre de montage.

En bas de la patte, superposez les 2 pattes, patte de gauche sur patte de droite pour le boutonnage garçon ou mixte, patte droite sur la patte de gauche pour le boutonnage fille. Rentrez les extrémités des pattes sur l'envers du vêtement. Bâtissez les extrémités des pattes ensemble, avec le triangle de tissu formé au bas de la fente. Piquez horizontalement, perpendiculairement aux pattes.

Brodez les boutonnières sur la patte de dessus. Cousez les boutons en vis-à-vis sur la patte de dessous.

Les pinces

Certains patrons comportent des pinces pour ajuster un vêtement, au niveau de la poitrine en particulier. Vous trouverez dans cet ouvrage deux sortes de pinces : les pinces simples avec une pointe ou les pinces doubles avec deux pointes comme pour la tunique liquette. Leur tracé est indiqué sur le patron. Il ne faut pas couper le tissu sur ces lignes mais marquer les repères pour le montage.

Pliez le tissu endroit contre endroit de façon que la (ou les) point(s) de la pince soit sur la pliure et que les lignes de repères soient superposées. Bâtissez sur la ligne de repère.

Par précaution, il est préférable de faire un essayage avant de piquer les pinces, pour vérifier qu'elles sont bien placées, ont la bonne profondeur et la bonne longueur. Après essayage, piquez sur la ligne de pince. Repassez les pinces pliées sur l'envers du tissu.

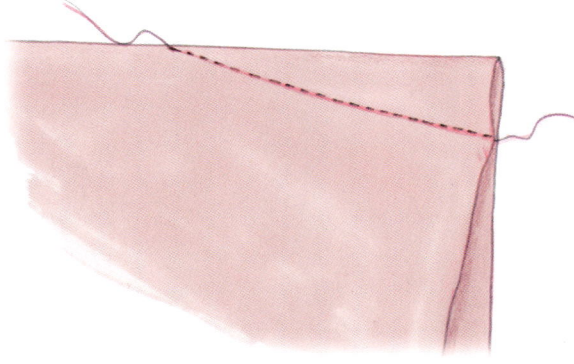

Les bretelles ou ceinture

Pliez la bande (bretelles ou ceinture), endroit contre endroit, dans le sens de la longueur. Piquez à 0,5 ou 1 cm du bord, en laissant l'une ou les deux extrémités ouvertes. Recoupez les rentrés de couture à 3 mm de la piqûre, si besoin. Retournez les bretelles ou la ceinture sur l'endroit, en fixant solidement une aiguillée de fil fort à une extrémité. Glissez l'aiguille (chas en premier) à l'intérieur de la bretelle ou de la ceinture et retournez sur l'endroit. Si la largeur le permet, vous pouvez utiliser une aiguille à tapisserie un peu plus grosse. Fermez les extrémités en repliant les rentrés de couture à l'intérieur de la bretelle ou de la ceinture et fixez à points invisibles ou surpiquez. Repassez les bretelles ou la ceinture en pliant le long de la couture.

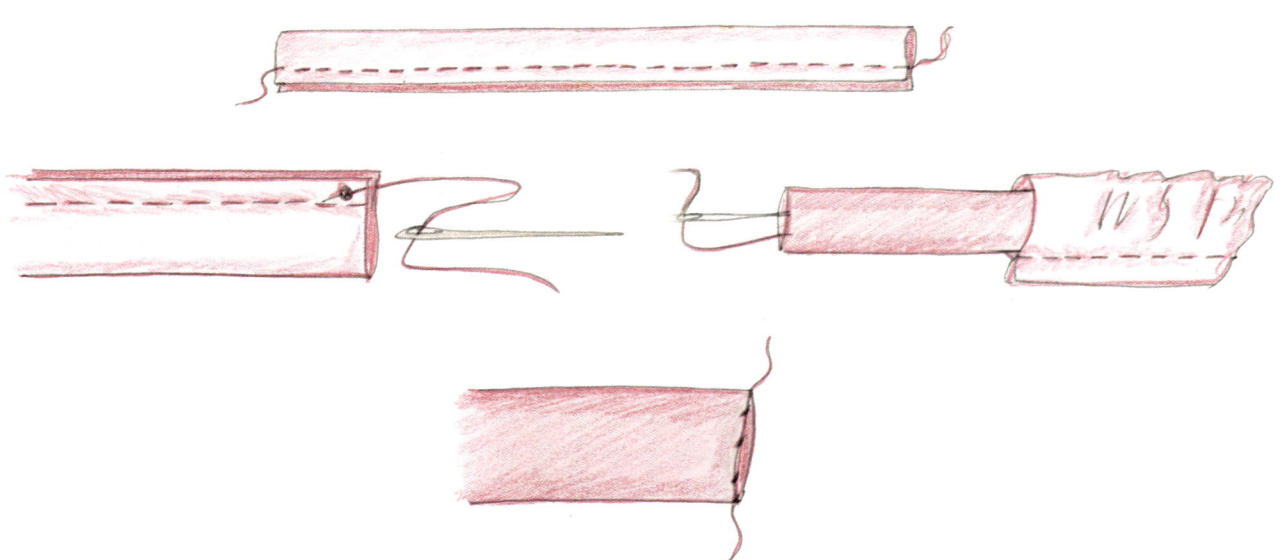

QUELQUES IDÉES CRÉATIVES

Pour réussir en couture lorsque l'on débute, il est préférable d'entreprendre tout d'abord des modèles simples. Par la suite, tous les petits détails que vous pourrez ajouter aux vêtements de base proposés dans ce livre feront de vos ouvrages des créations originales et uniques. Ainsi vous pourrez varier les tissus, les couleurs, les finitions, les longueurs, les formes des poches que vous appliquerez à différents emplacements, ou encore ajouter des petits détails en utilisant des tissus différents pour une patte de boutonnage par exemple, ou en ajoutant des petites finitions de dentelles ou rubans pour changer totalement de style. Saisissez l'occasion d'essayer des couleurs différentes en laissant libre cours à votre imagination créative pour passer neuf mois en beauté !

Les ouvrages

Les hauts

La blouse à manches longues raglan

36, 38, 40, 42, 44, 46 (patron planche 1 en vert)

FOURNITURES

1 m 30 (1 m 30, 1 m 30, 1 m 40, 1 m 40, 1 m 40) de lin en 150 cm de large

20 cm de tissu Liberty en 140 cm de large

COUPE

Devant : coupez 1 fois en double sur la pliure du tissu
Dos : coupez 1 fois en double sur la pliure du tissu
Manches : coupez 2 fois
Bande d'encolure : coupez 1 bande de 70 (71, 72, 73, 74, 76) cm et de 3 cm en tissu Liberty
Bracelets de manche : coupez 2 bandes de 25 (25,5, 26, 26,5, 27, 27,5) cm et de 3 cm en tissu Liberty
Lien pour la coulisse : coupez 2 bandes de 0 m 75 (0 m 75, 0 m 80, 0 m 80, 0 m 90, 0 m 90) x 5 cm en tissu Liberty

Assemblez le devant et le dos, endroit contre endroit, par les coutures de côté. Piquez.
Pliez les manches, endroit contre endroit. Bâtissez les coutures de dessous de manche. Piquez.
Bâtissez les manches aux emmanchures, endroit contre endroit, en faisant correspondre les coutures de côtés et les coutures de dessous de manche. Piquez les emmanchures.
Passez un fil de fronces à l'encolure. Pliez en deux la bande d'encolure, endroit contre endroit, et bâtissez les extrémités ensemble. Piquez.
Bâtissez la bande d'encolure à l'encolure de la tunique, endroit contre endroit, en répartissant les fronces. Piquez. Recoupez les rentrés de couture à 4 mm de la piqûre.
Sur l'envers, faites un rentré de 3 mm sur la bande d'encolure et fixez à points invisibles le long de la piqûre de montage.
Passez un fil de fronces au bas des manches. Pliez en deux les bracelets de manche, endroit contre endroit et bâtissez les extrémités ensemble. Piquez.
Bâtissez les bracelets de manche aux bas des manches, endroit contre endroit, en répartissant les fronces. Piquez. Recoupez les rentrés de couture à 4 mm de la piqûre.
Sur l'envers, faites un rentré de 3 mm sur les bracelets de manche et fixez à points invisibles le long de la piqûre de montage.
Brodez une boutonnière sur le dos et une boutonnière sur le devant, aux emplacements indiqués de part et d'autre de la couture du côté droit. Fendez les boutonnières. Formez la coulisse du bas en repliant 0,5 cm puis 1,8 cm. Surpiquez. Fermez les extrémités en repliant les rentrés de couture à l'intérieur de la bretelle ou de la ceinture et fixez à points invisibles ou surpiquez. Assemblez les 2 bandes de tissu liberty, endroit contre endroit. Piquez les deux bandes ensemble, bout à bout.
Ouvrez les rentrés de couture pour les aplatir. Formez le lien à coulisser en pliant la bande en deux, dans la longueur, endroit contre endroit. Piquez une des extrémités et sur toute la longueur.
Crantez les angles puis retournez sur l'endroit. Terminez l'extrémité en reliant les rentrés de couture à l'intérieur et fermez à points invisibles. À l'aide d'une épingle à nourrice, glissez le lien dans la coulisse en l'entrant par une boutonnière et en le ressortant par l'autre.

La blouse à manches courtes raglan

36, 38, 40, 42, 44, 46 (patron planche 1 en vert)

FOURNITURES
1 m 10 (1 m 10, 1 m 10, 1 m 20, 1 m 20, 1 m 20) de coton imprimé à pois en 140 cm de large
25 cm de tissu Liberty en 140 cm de large
80 cm de ruban de 5 mm de large

COUPE
Devant : coupez 1 fois en double sur la pliure du tissu
Dos : coupez 1 fois en double sur la pliure du tissu
Manches : coupez 2 fois
Empiècement devant : coupez 2 fois en double sur la pliure du tissu Liberty
Empiècement dos : coupez 1 fois en double sur la pliure du tissu Liberty
Biais d'emmanchure : coupez 2 bandes de 2 cm x 18 (19, 20, 21, 22, 23) cm dans le biais du tissu Liberty

Assemblez le devant et le dos, endroit contre endroit, par les coutures de côté. Piquez.
Pliez les manches, endroit contre endroit. Bâtissez les coutures de dessous de manche. Piquez.
Faites un ourlet rentré de 1 cm aux bas des manches. Surpiquez ou fixez à points invisibles.
Bâtissez les biais d'emmanchure aux emmanchures non finies, endroit contre endroit.
Piquez les emmanchures. Recoupez les rentrés de couture à 3 mm de la piqûre.
Repliez le biais sur l'envers. Faites un petit rentré et fixez le biais à points invisibles ou surpiquez sur l'envers de la tunique. (Voir conseils et astuces page 20)
Passez un fil de fronces à l'encolure.
Assemblez les empiècements devant et dos, deux par deux, endroit contre endroit. Piquez les coutures d'épaules. Sur l'un des empiècements (qui sera donc l'empiècement endroit), brodez une boutonnière de 8 mm de long de part et d'autre du dos du milieu devant.
Assemblez les 2 empiècements, endroit contre endroit. Piquez tout le tour de l'encolure.
Recoupez les rentrés de couture à 4 mm de la piqûre et crantez.
Retournez sur l'endroit et surpiquez le bord de l'encolure à 2 mm de la pliure.
Bâtissez l'empiècement endroit, à l'encolure de la tunique, endroit contre endroit,
en répartissant les fronces. Piquez. Recoupez les rentrés de couture à 4 mm de la piqûre.
Sur l'envers, faites un rentré sur l'empiècement intérieur et fixez à points invisibles le long de la piqûre de montage ou surpiquez.
À l'aide d'une épingle à nourrice, glissez le ruban dans la coulisse de l'empiècement, en entrant le ruban par une boutonnière et en le ressortant par l'autre.
Faites un ourlet rentré de 1 cm au bas de la tunique. Surpiquez ou fixez à points invisibles.

La tunique liquette

36, 38, 40, 42, 44, 46 (patron planche 2 en marron)

FOURNITURES
1 m 30 (1 m 30, 1 m 30, 1 m 40, 1 m 40, 1 m 40) de lin en 140 cm de large
3 boutons de 12 mm de diamètre

COUPE
Devant : coupez 1 fois en double sur la pliure du tissu
Dos : coupez 1 fois en double sur la pliure du tissu
Manches : coupez 2 fois
Biais d'encolure : coupez une bande de 2 cm x 58 (60, 62, 64, 66, 68) cm dans le biais du tissu

Assemblez le devant et le dos, endroit contre endroit. Piquez les coutures d'épaule.
Pliez les rentrés de chaque côté de la fente d'encolure du devant, sur l'endroit.
Bâtissez le biais d'encolure à l'encolure et sur les rentrés de la fente devant repliés,
endroit contre endroit. Piquez. Recoupez les rentrés de couture à 4 mm de la piqûre. Crantez.
Repliez le biais et les rentrés de la fente d'encolure sur l'envers de la tunique.
Bâtissez le biais sur l'envers de la tunique en faisant un rentré de 3 mm et surpiquez.
Au bas de la fente d'encolure, superposez les deux côtés en faisant correspondre la ligne de milieu
devant et bâtissez les deux côtés ensemble.
Froncez le milieu devant à l'emplacement indiqué. Fermez la pince du devant en pliant le devant, endroit
contre endroit, perpendiculairement au milieu devant.
Répartissez les fronces de part et d'autre du milieu devant. Piquez la pince.
Assemblez les manches avec le corps, endroit contre endroit, en faisant correspondre les repères
de couture des manches et des emmanchures. Piquez les emmanchures.
Assemblez les devant et dos, endroit contre endroit. Piquez les coutures de côté et de dessous
de manche en une seule couture continue.
Faites un ourlet de 3 cm au bas de la tunique. Fixez à points invisibles. Faites un ourlet rentré de 1,5 cm
au bas des manches. Surpiquez.
Brodez les boutonnières aux emplacements indiqués sur le côté droit du devant.
Cousez les boutons en vis-à-vis sur le côté gauche.

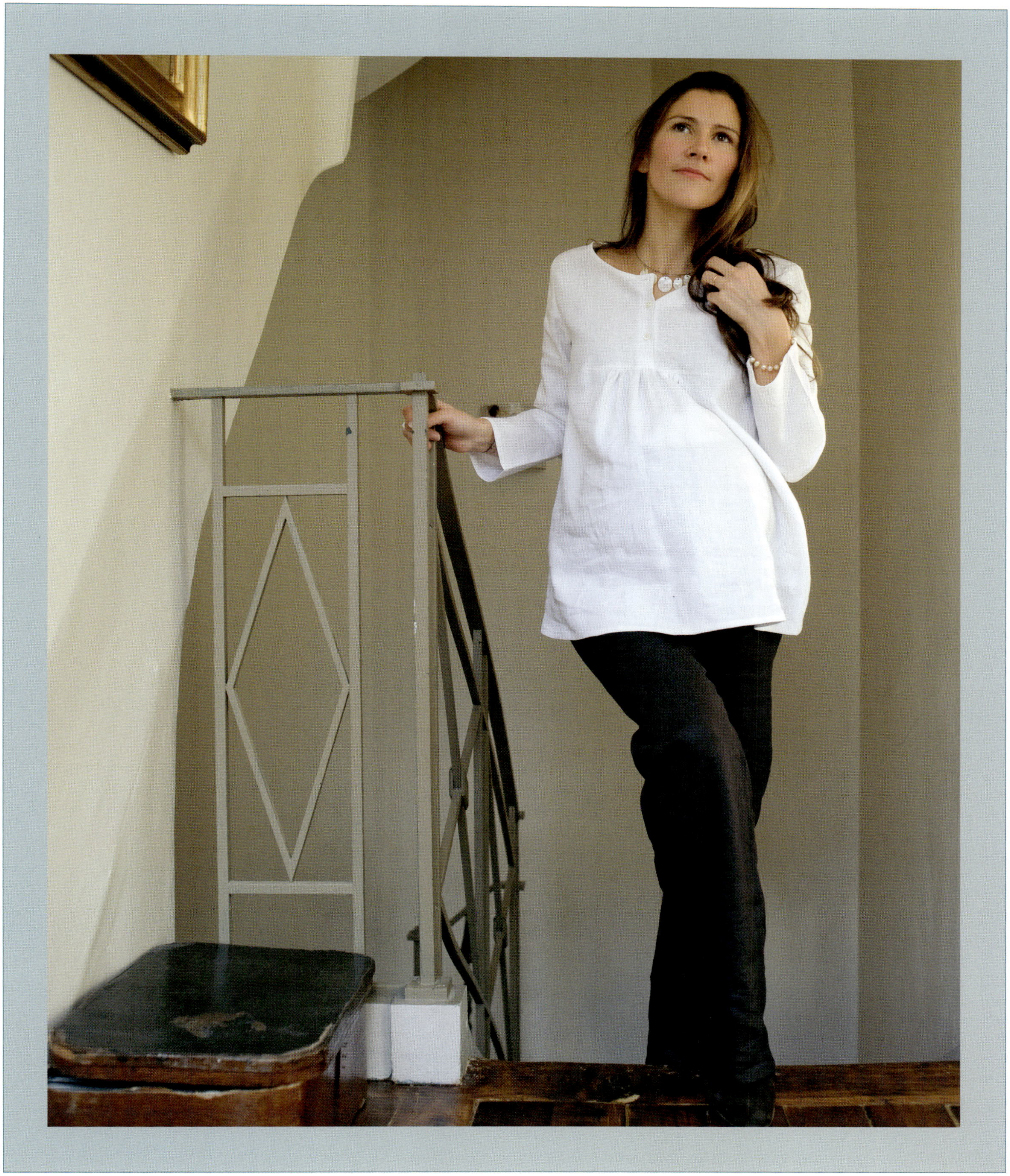

36

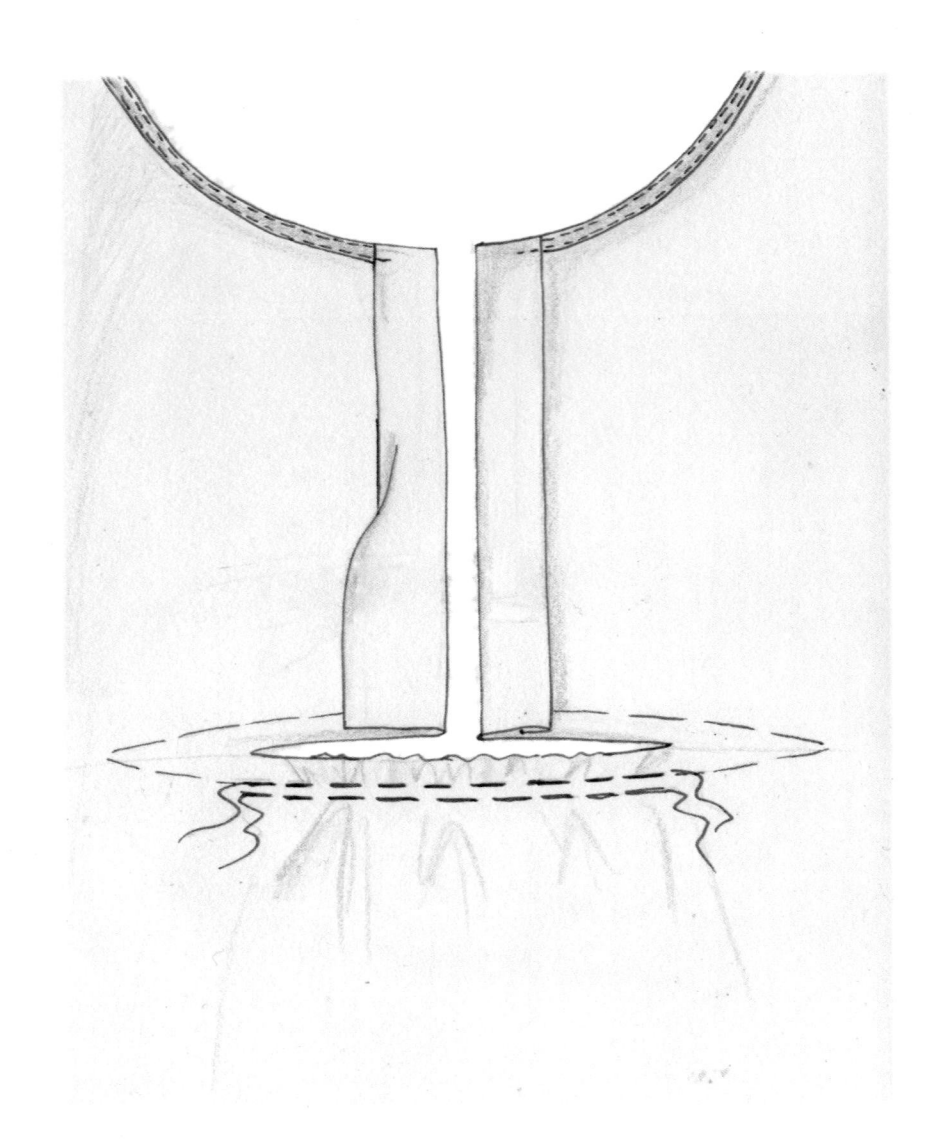

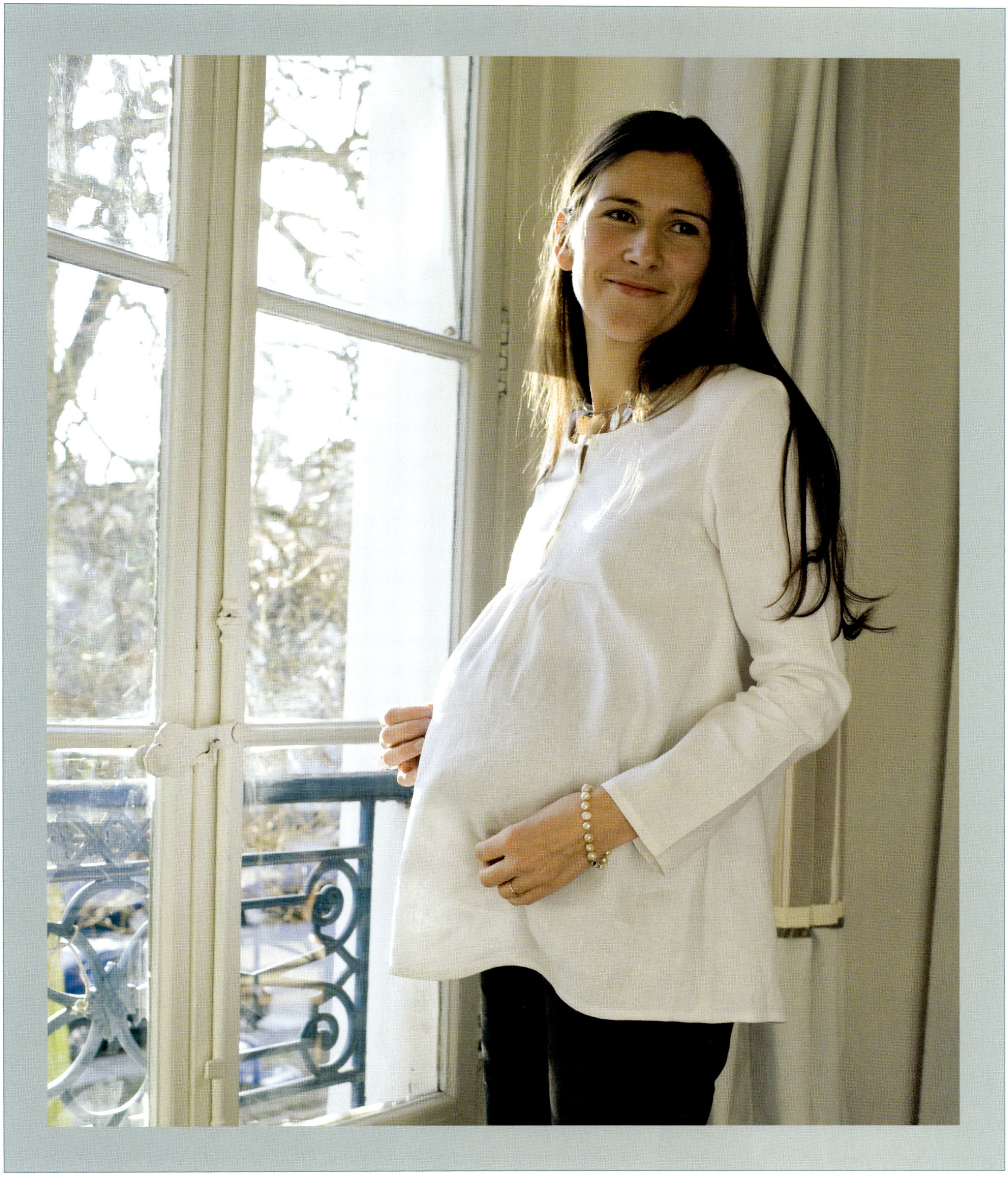

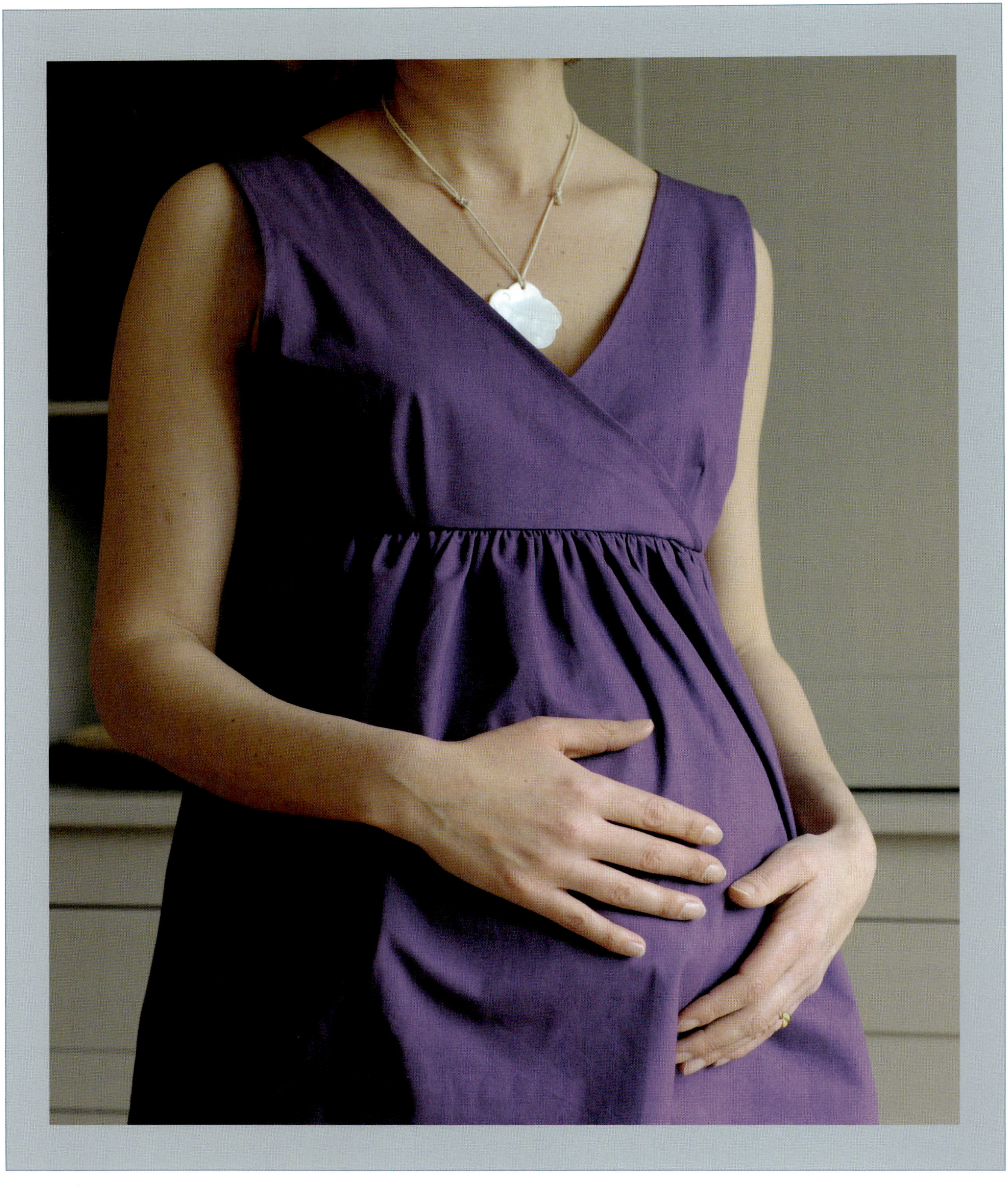

La tunique cache-cœur

36, 38, 40, 42, 44, 46 (patron planche 4 en rouge)

FOURNITURES

1 m 40 (1 m 40, 1 m 40, 1 m 50, 1 m 50, 1 m 50) de popeline en 140 cm de large

COUPE

Corsage devant : coupez 2 fois

Corsage dos : coupez 1 fois en double sur la pliure

Jupe devant : coupez un rectangle de 50 cm x 68 (50 x 70, 52 x 72, 52 x 74, 54 x 76, 54 x 78) cm

Biais d'encolure et d'emmanchure : réalisez 2 m de biais de 2,5 cm de large en suivant les indications de la page 18

Fermez les pinces de poitrine en pliant les corsages devant, endroit contre endroit.

Piquez sur la ligne de pince. Repassez les pinces couchées sur l'envers du corsage, vers le milieu devant.

Assemblez le corsage dos avec les corsages devant, endroit contre endroit. Bâtissez les coutures d'épaule puis piquez.

Bâtissez le biais à l'encolure devant et dos du corsage, endroit contre endroit. Piquez.

Recoupez les rentrés de couture à 3 mm de la piqûre et crantez. Repliez le biais sur l'envers.

Faites un rentré de 3 mm et bâtissez le biais sur l'envers du corsage.

Surpiquez ou fixez à points invisibles sur le corsage.

Superposez les deux côtés du corsage en faisant correspondre le milieu devant de chacun des côtés.

Bâtissez les deux côtés ensemble le long de la taille pour les maintenir lors de la suite du montage.

Froncez la jupe devant à la taille. Assemblez la jupe devant et avec les deux pièces du corsage devant superposées, endroit contre endroit. Bâtissez à la taille en faisant correspondre le milieu devant de la jupe et du corsage et en répartissant les fronces de chaque côté du milieu devant. Piquez.

Bâtissez le biais aux emmanchures du corsage, endroit contre endroit. Piquez. Recoupez les rentrés de couture à 3 mm de la piqûre et crantez.

Assemblez les devant et dos, endroit contre endroit. Bâtissez les coutures de côté et les biais d'emmanchure en une seule couture continue de chaque côté. Piquez.

Repliez le biais d'emmanchure sur l'envers du corsage. Faites un rentré et bâtissez le biais sur l'envers du corsage. Surpiquez ou fixez à points invisibles.

Faites un ourlet de 3 cm au bas de la tunique.

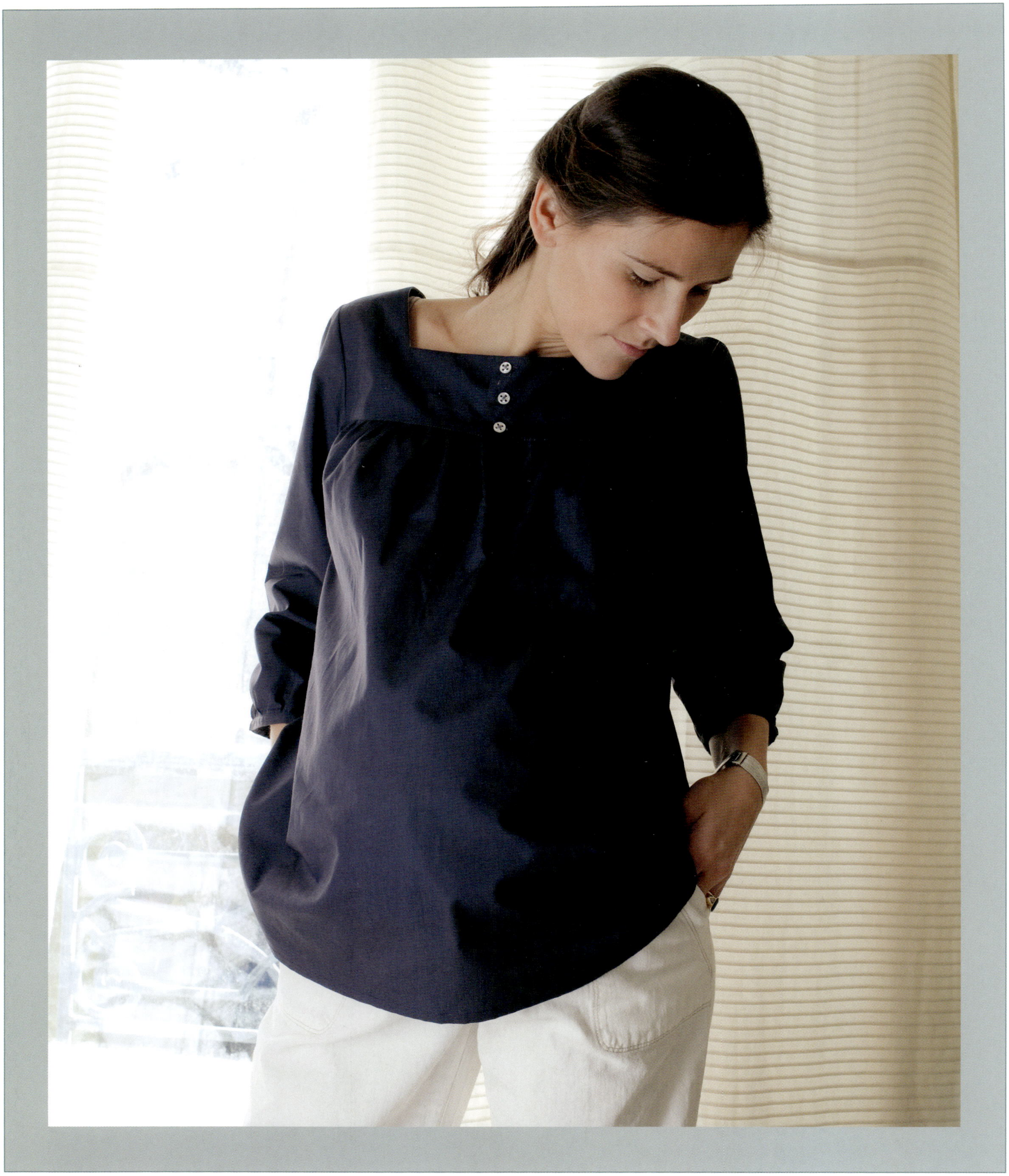

La tunique à encolure carrée

36, 38, 40, 42, 44, 46 (patron planche 1 en rouge; patron de la manche, prendre celle de la robe trois-quarts en vert, planche 3)

Les hauts

FOURNITURES

1 m 50 (1 m 50, 1 m 50, 1 m 60, 1 m 60, 1 m 60) de popeline en 150 cm de large

3 boutons de 12 mm de diamètre

COUPE

Devant : coupez 1 fois en double sur la pliure du tissu

Dos : coupez 1 fois en double sur la pliure du tissu

Manches : coupez 2 fois

Empiècement devant : coupez 4 fois

Empiècement dos : coupez 2 fois en double sur la pliure du tissu

Patte indéchirable pour la fente du devant : coupez 1 bande de 2,5 cm x 18 cm

Bracelets de manche : coupez 2 bandes de 4 cm x 25 (25,5, 26, 26,5, 27, 27,5) cm

Fendez le milieu devant en arrêtant à 1 cm du repère. Crantez le bas de la fente en formant un «Y». Bâtissez la patte indéchirable sur le devant endroit contre endroit et terminez la patte indéchirable en suivant les instructions de la page 21 pour le montage de la patte indéchirable.
Froncez le haut du devant de chaque côté de la fente, et le haut du dos. Assemblez deux des empiècements devant avec le devant, de part et d'autre de la fente, endroit contre endroit. Bâtissez en répartissant les fronces. Piquez. Assemblez un des empiècements dos avec le dos, endroit contre endroit. Bâtissez en faisant correspondre le milieu dos et en répartissant les fronces de chaque côté. Piquez. Assemblez les devant et dos, endroit contre endroit. Bâtissez les coutures d'épaule. Piquez. Procédez de la même façon avec les empiècements devant et dos restants pour doubler l'empiècement. Posez la doublure de l'empiècement sur l'empiècement, endroit contre endroit. Bâtissez l'encolure et les milieux devant. Piquez en pivotant dans les angles. Recoupez les rentrés de couture à 5 mm de la piqûre et crantez les angles. Rabattez la doublure de l'empiècement sur l'envers de la tunique. Bâtissez la doublure le long des piqûres de montage des empiècements devant et dos, en repliant les rentrés de couture. Fixez à points coulés le long des piqûres de montage (ou surpiquez sur l'endroit). Froncez les têtes de manche et les poignets. Bâtissez les manches aux emmanchures de la tunique, endroit contre endroit, en prenant les deux épaisseurs de l'empiècement et en répartissant les fronces. Piquez les emmanchures. Bâtissez les coutures de côté et de dessous de manche en continu. Piquez. Pliez les bracelets de manche, endroit contre endroit. Bâtissez les extrémités ensemble. Piquez. Bâtissez les bracelets de manche aux poignets, endroit contre endroit, en répartissant les fronces. Piquez. Recoupez les rentrés de couture à 5 mm de la piqûre. Repliez les bracelets de manche sur l'envers des manches. Faites un rentré de 3 mm et fixez à points coulés le long de la piqûre de montage.
Faites un ourlet rentré de 1 cm (pliez d'abord 0,5 cm puis 1 cm) au bas de la tunique. Fixez à points coulés ou surpiquez. Brodez 3 boutonnières sur l'empiècement du côté droit, en les répartissant de manière harmonieuse. Cousez les boutons en vis-à-vis sur l'empiècement du côté gauche.

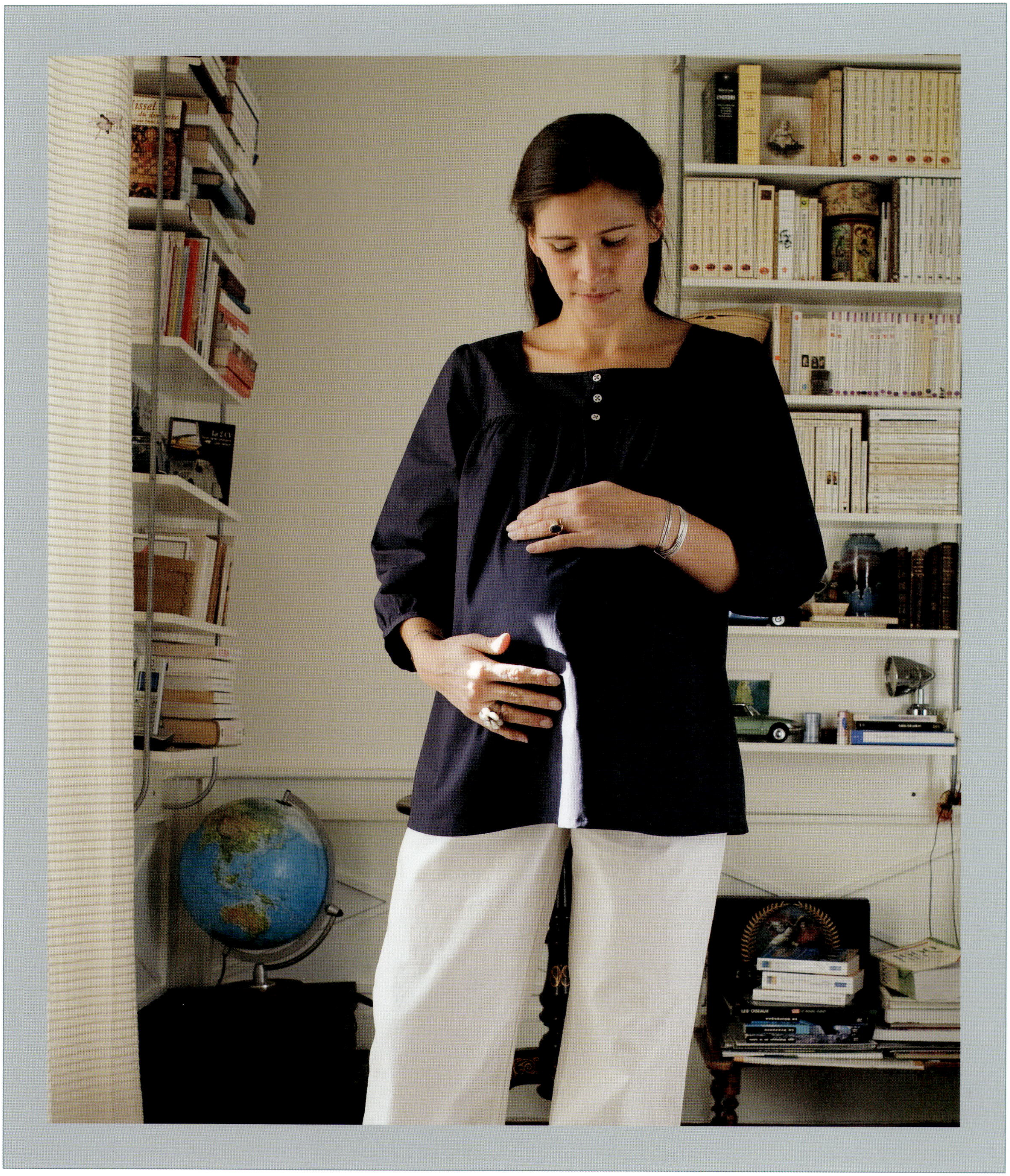

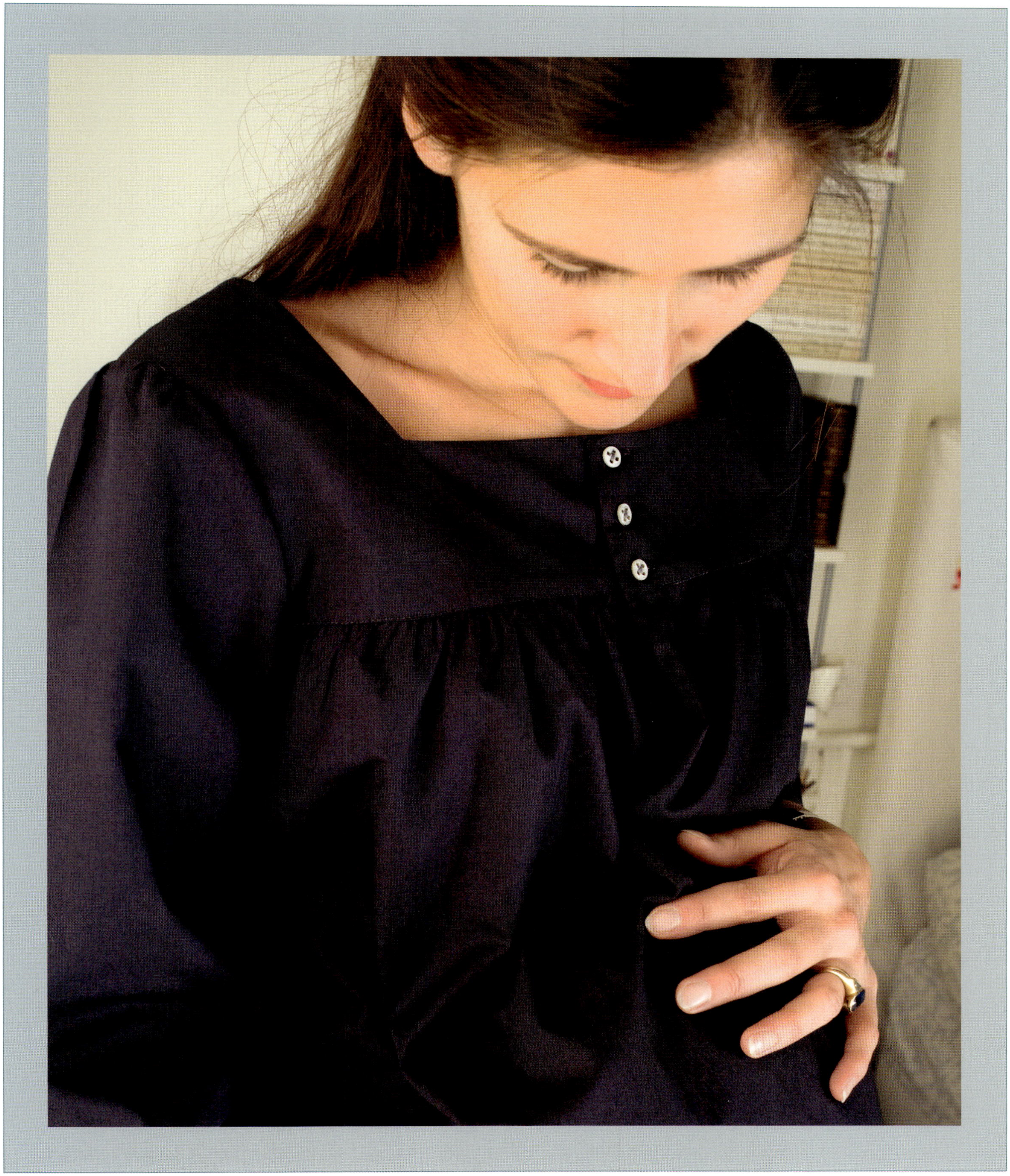

Les robes

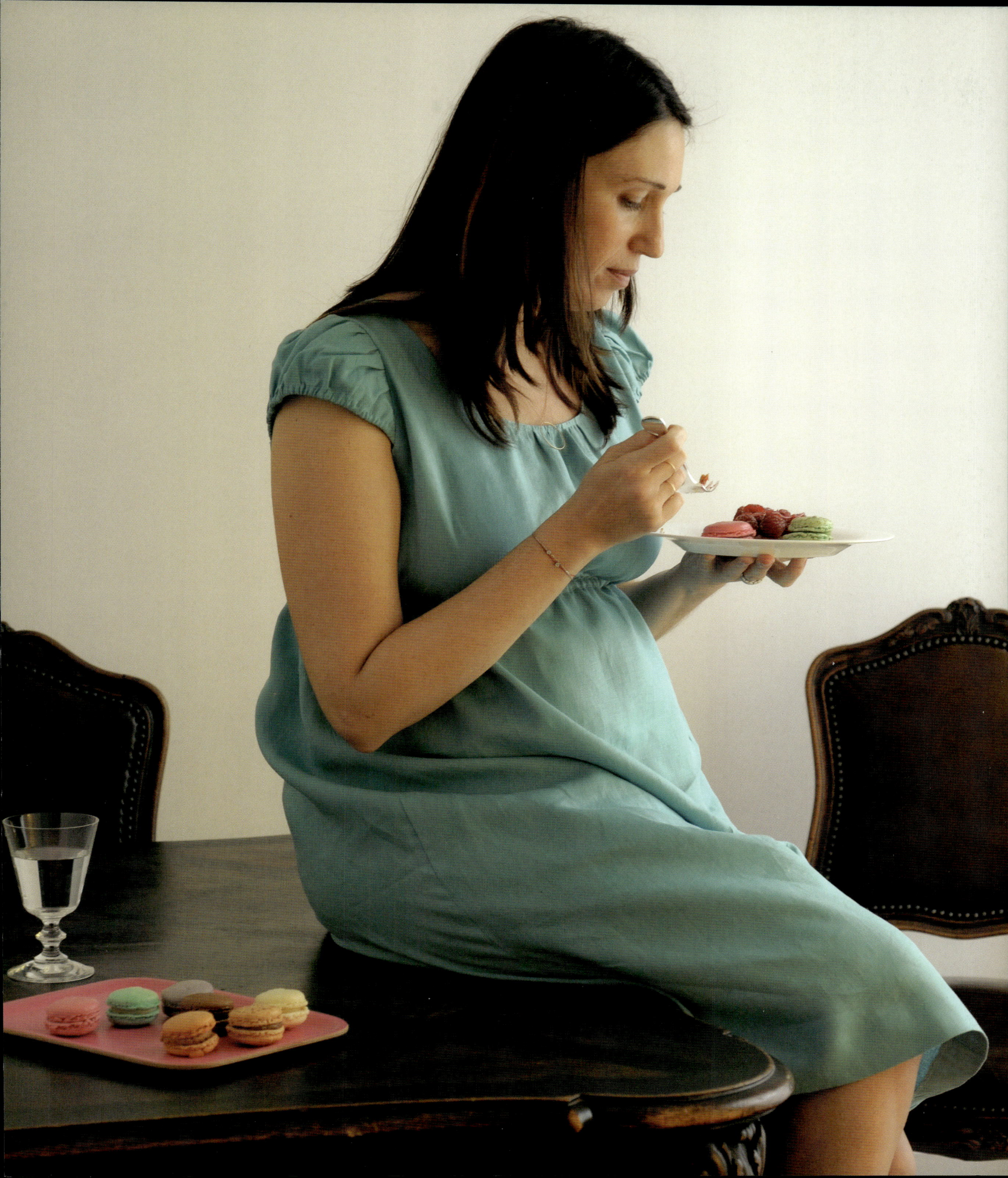

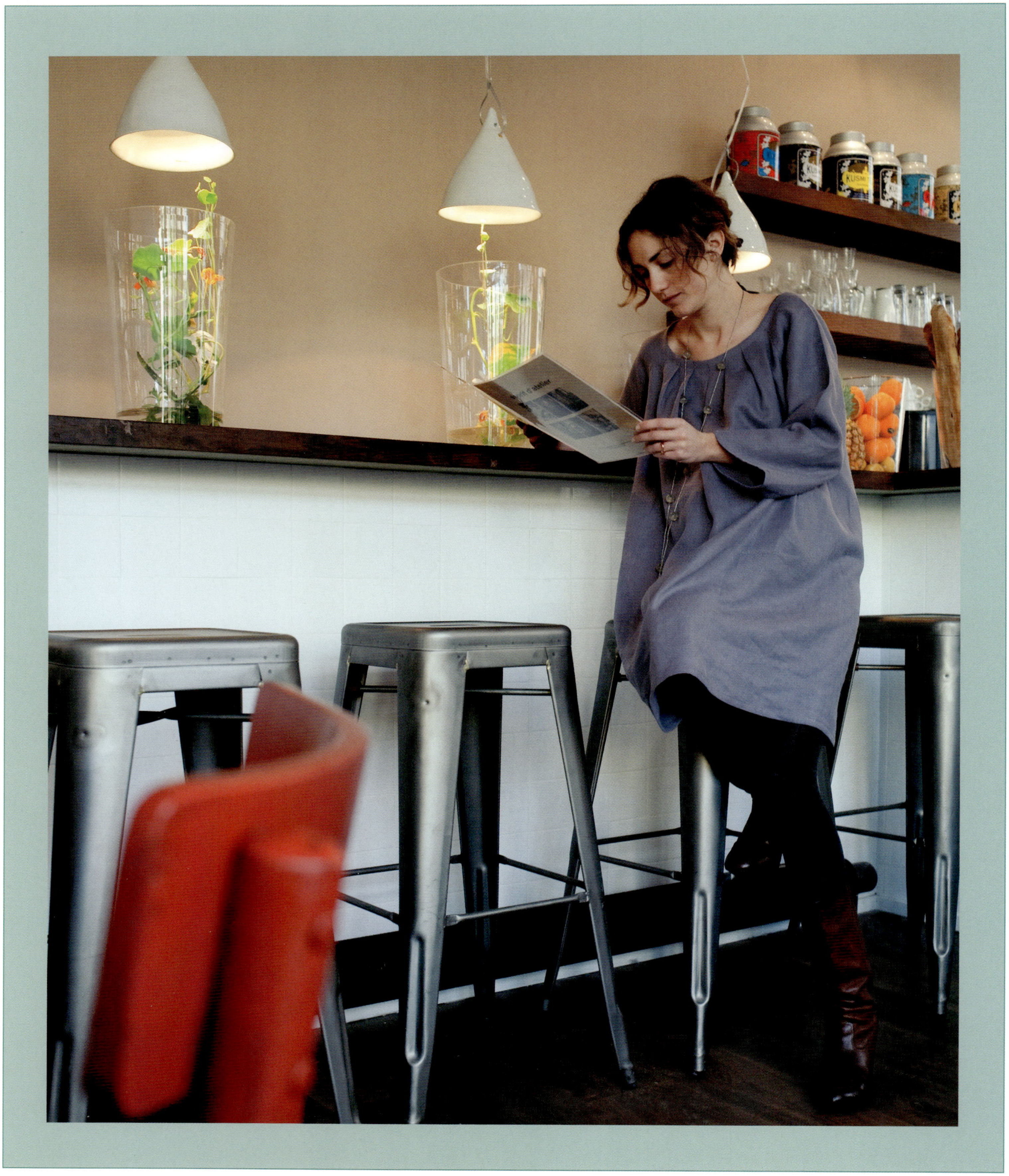

La robe à encolure plissée

36, 38, 40, 42, 44, 46 (patron planche 2 en marine)

FOURNITURES

2 m (2 m, 2 m 10, 2 m 10, 2 m 20, 2 m 20) de lin en 150 cm de large

COUPE

Devant : coupez 1 fois en double sur la pliure du tissu

Dos : coupez 1 fois en double sur la pliure du tissu

Manches : coupez 2 fois

Parementure d'encolure devant : coupez 1 fois en double sur la pliure du tissu

Parementure d'encolure dos : coupez 1 fois en double sur la pliure du tissu

Parementure d'encolure manche : coupez 2 fois

Assemblez le devant et le dos, endroit contre endroit, par les coutures de côté. Piquez.

Pliez les manches, endroit contre endroit. Bâtissez les coutures de dessous de manche. Piquez.

Bâtissez les manches aux emmanchures, endroit contre endroit, en faisant correspondre les coutures de côtés et les coutures de dessous de manche. Piquez les emmanchures.

Formez les plis de l'encolure devant et dos en pliant endroit contre endroit.

Piquez sur 2 cm de long depuis l'encolure. Ouvrez les plis du milieu dos et du milieu devant, sur l'envers. Couchez les plis du devant vers les côtés, sur l'envers.

Assemblez la parementure d'encolure devant avec les parementures d'encolure des manches, endroit contre endroit. Piquez. Assemblez la parementure d'encolure dos avec les parementures d'encolure des manches, endroit contre endroit. Piquez.

Bâtissez la parementure d'encolure à l'encolure de la tunique, endroit contre endroit, en faisant correspondre les milieux devant de la parementure et de la robe, les milieux dos de la parementure et de la robe. Piquez l'encolure en prenant les plis.

Recoupez les rentrés de couture à 4 mm de la piqûre et crantez-les.

Repliez la parementure d'encolure sur l'envers de la robe. Bâtissez la parementure sur l'envers de la robe en faisant un rentré de 5 mm au bord de la parementure. Surpiquez au bord du rentré.

Faites un ourlet de 3 cm au bas de la robe. Fixez à points invisibles. Faites un ourlet rentré de 1,5 cm au bas des manches. Surpiquez.

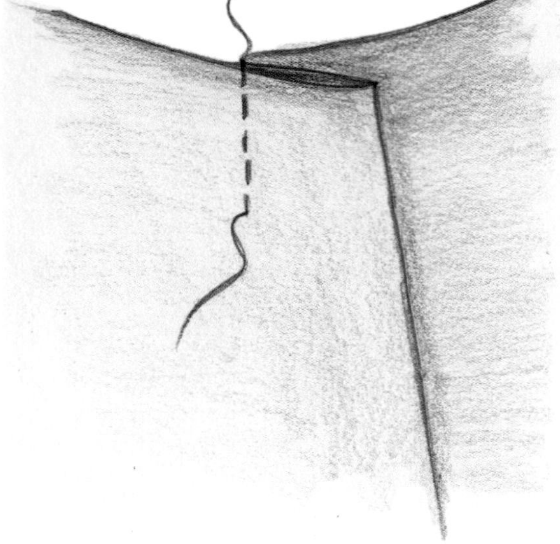

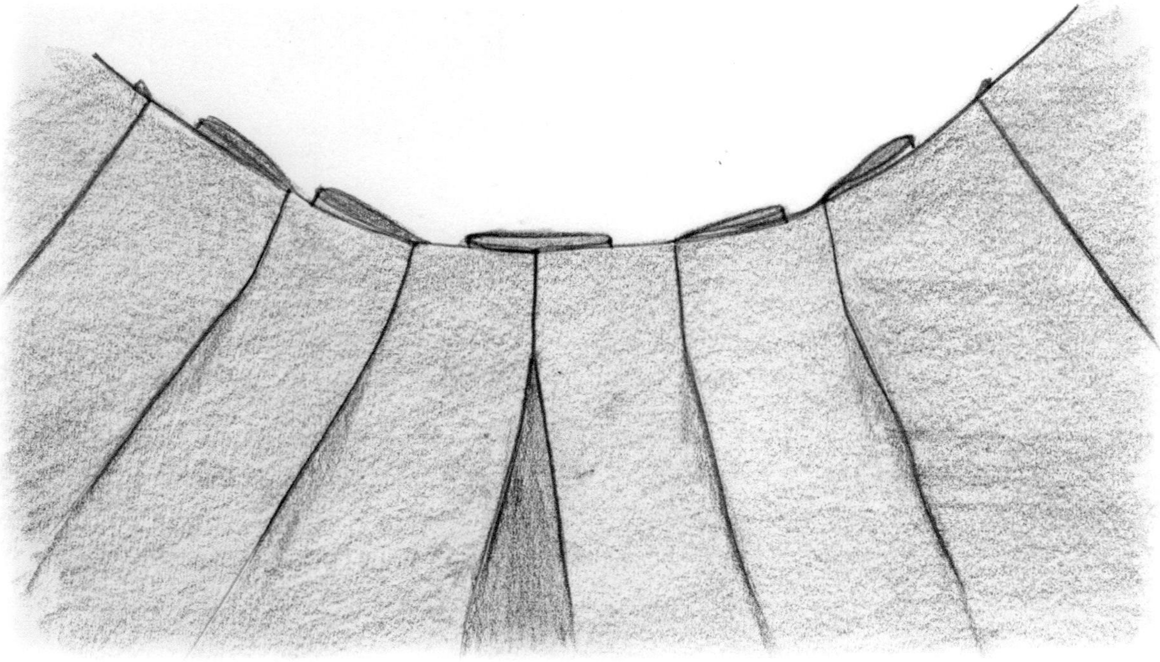

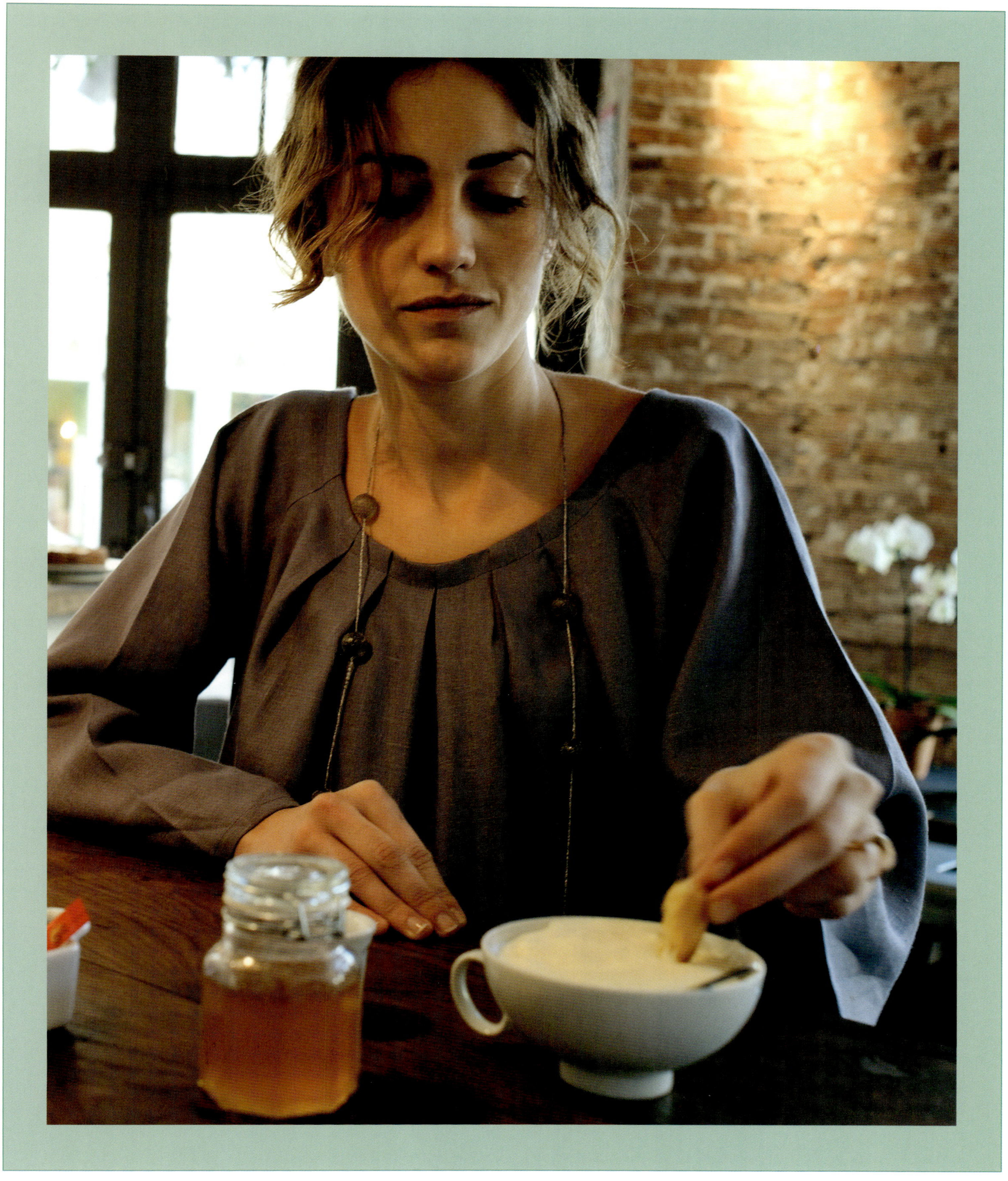

La robe à empiècement carré

36, 38, 40, 42, 44, 46 (patron planche 3 en rouge)

FOURNITURES
2 m (2 m, 2 m, 2 m 10, 2 m 10, 2 m 10) de velours milleraies en 150 cm de large
(ce modèle peut aussi être réalisé en lin ou en cotonnade)
Si besoin, 2 morceaux d'élastique de 16 (17, 18, 19, 20, 21) cm et de 5 mm

COUPE
Devant : coupez 1 fois en double sur la pliure du tissu
Dos : coupez 1 fois en double sur la pliure du tissu
Manches : coupez 2 fois
Empiècement devant : coupez 1 fois
Empiècement dos : coupez 1 fois

Faites un ourlet rentré de 1 cm en haut de chacun des deux empiècements devant et dos,
en pliant d'abord 0,5 cm puis en repliant à 1 cm. Surpiquez l'ourlet ou fixez à points coulés.
Assemblez les manches et les empiècements devant et dos, endroit contre endroit. Bâtissez puis piquez.
Faites un ourlet rentré de 1 cm aux épaules, entre les empiècements devant et dos.
Surpiquez en arrêtant dans les angles de l'encolure ou fixez à points coulés.
Cet ourlet forme une coulisse dans laquelle il est possible de glisser un élastique cousu
à chaque extrémité pour le maintenir dans la coulisse. Il froncera légèrement les manches
afin qu'elles ne glissent pas sur les épaules, si besoin.
Froncez le haut du devant et du dos, à l'emplacement indiqué, entre les repères. Bâtissez l'empiècement
devant et les manches avec le devant, endroit contre endroit en faisant correspondre le repère de milieu
devant et en répartissant les fronces entre les repères, de chaque côté du milieu devant. Piquez.
Assemblez le dos et l'empiècement dos de la même façon.
Assemblez le devant et le dos, endroit contre endroit. Bâtissez les coutures de côté.
Piquez en arrêtant à la piqûre de montage des manches.
Bâtissez les coutures de dessous de manche. Piquez en arrêtant à la piqûre de côté.
Faites un ourlet rentré de 1 cm (pliez d'abord 0,5 cm puis 1 cm) au bas des manches. Surpiquez
ou fixez à points invisibles. Faites un ourlet de 3 cm au bas de la robe. Fixez à points invisibles.

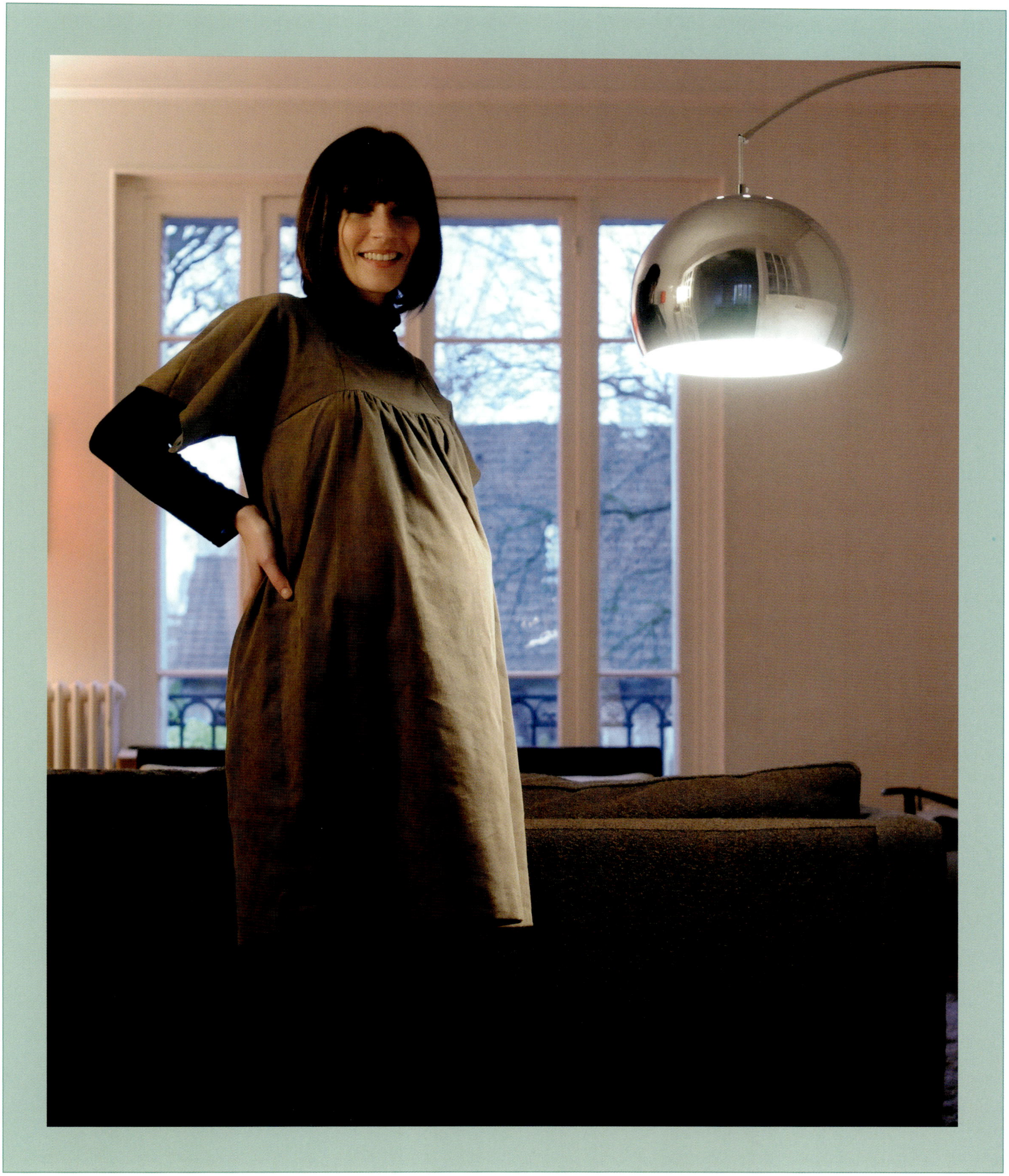

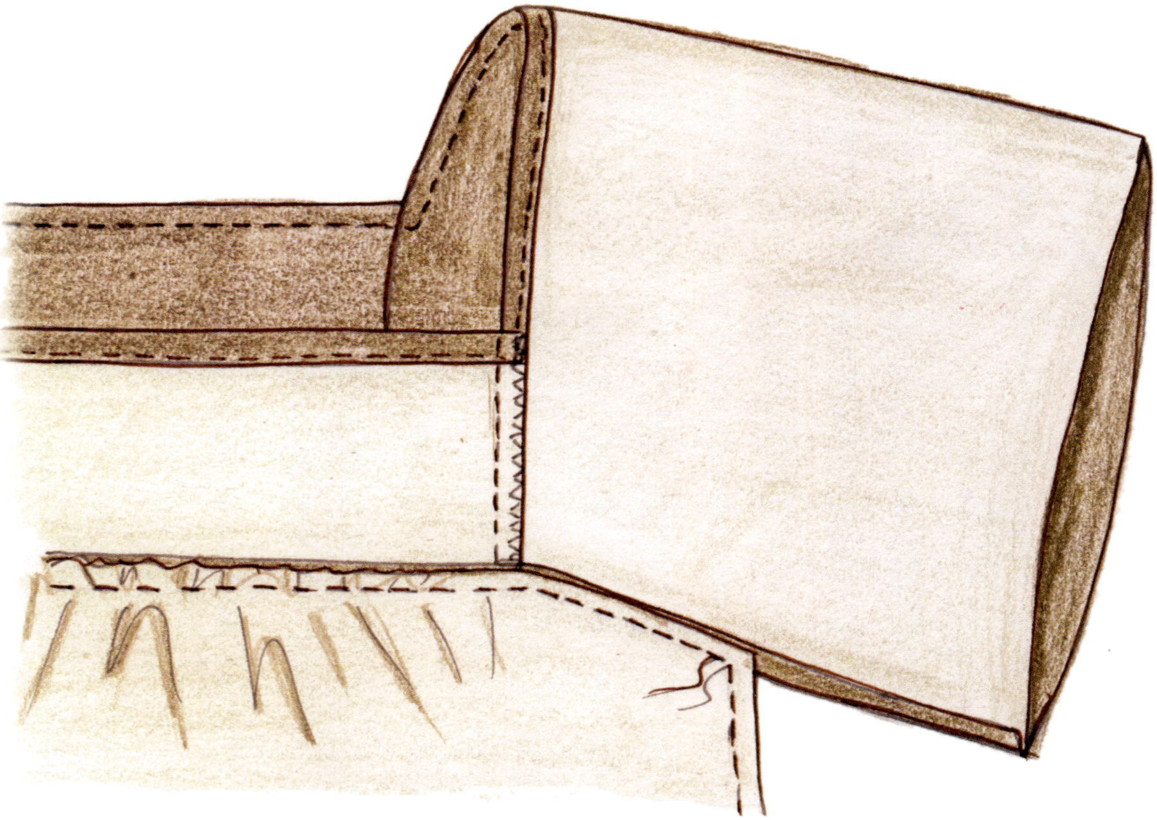

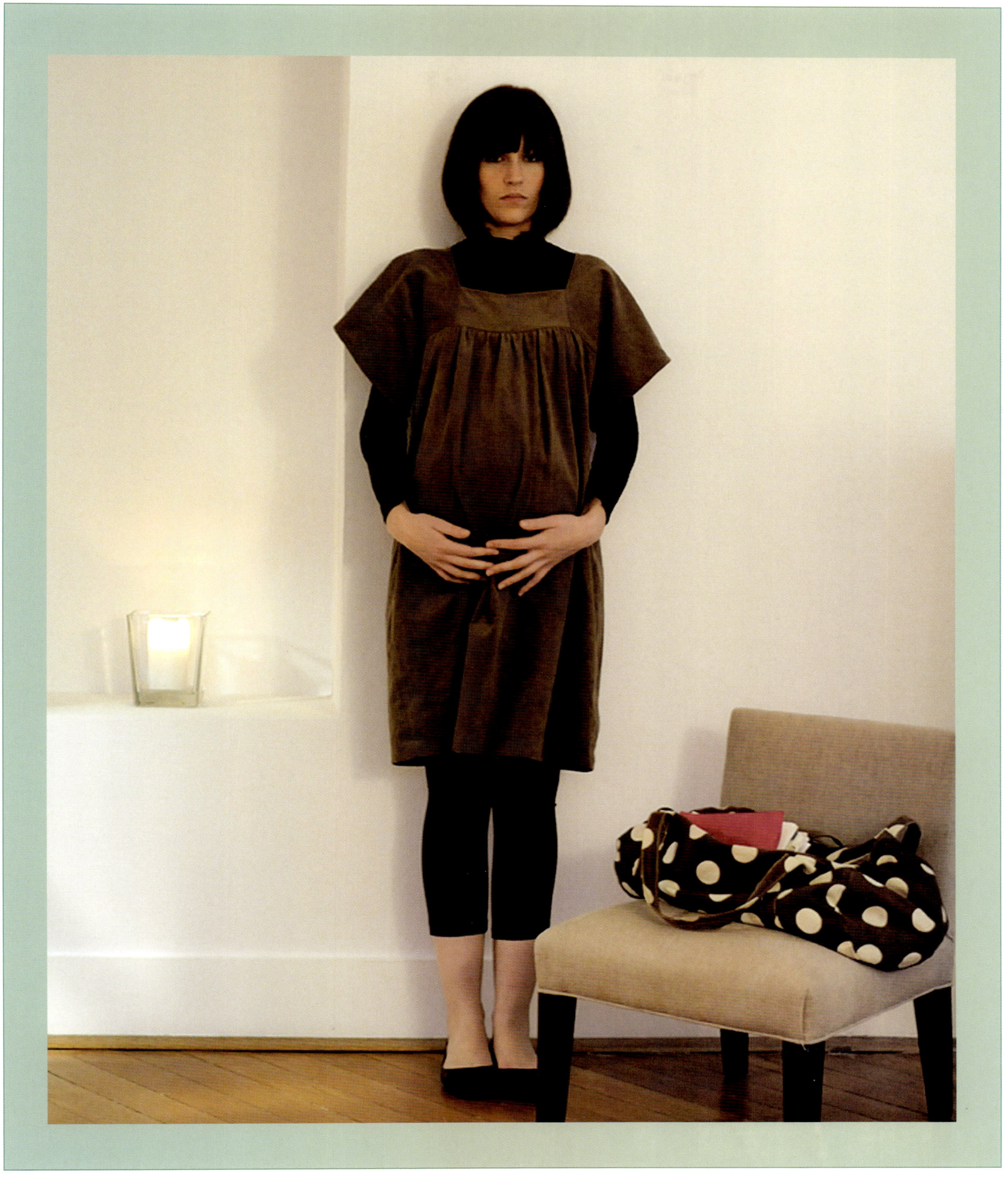

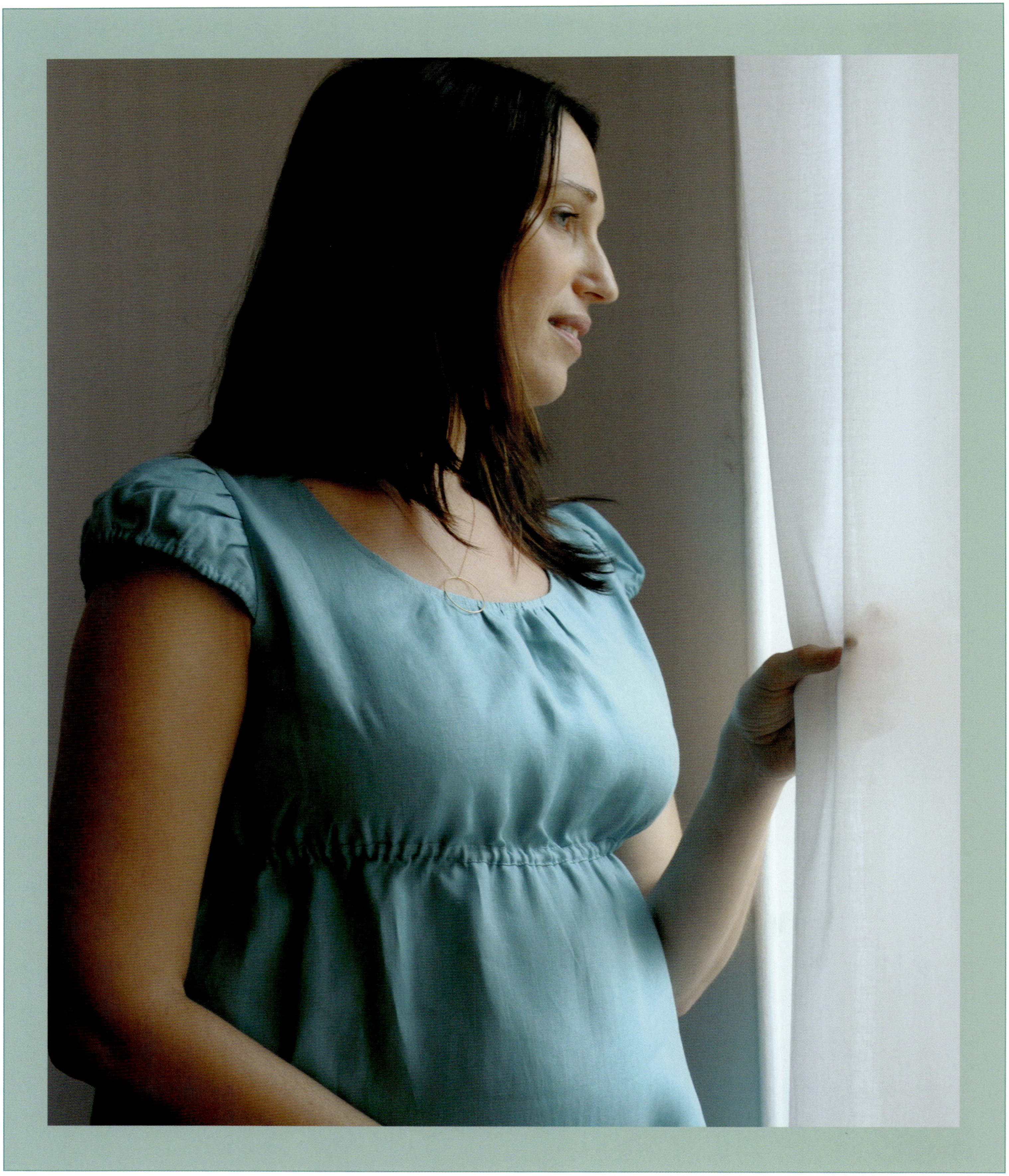

La robe taille Empire à manches courtes

36, 38, 40, 42, 44, 46 (patron planche 1 en orange)

FOURNITURES

2 m (2 m, 2 m, 2 m 10, 2 m 10, 2 m 10) de lin en 150 cm de large

1 m 50 d'élastique de 5 mm de large

COUPE

Devant : coupez 1 fois en double sur la pliure du tissu

Dos : coupez 1 fois en double sur la pliure du tissu

Manches : coupez 2 fois

Coulisse de taille : coupez 1 bande de 2,5 cm x 105 (110, 115, 120, 125, 130) cm

Bande d'encolure : coupez 1 fois

Biais d'emmanchure : coupez 1 bande de 2 cm x 23 (23,5, 24, 24,5, 25, 25,5) cm dans le biais

Assemblez le devant et le dos, endroit contre endroit, par les coutures d'épaule. Piquez. Repassez en ouvrant les coutures.

Faites un ourlet rentré de 7 mm au bas des manches. Bâtissez puis surpiquez. À l'aide d'une épingle à nourrice, glissez un morceau d'élastique de 22 (23, 24, 25, 26, 27) cm, dans la coulisse de chaque manche. Cousez solidement chaque extrémité de l'élastique pour le maintenir dans la coulisse.

Froncez la tête des manches. Bâtissez les manches aux emmanchures, endroit contre endroit, en faisant correspondre les repères devant ou dos. Répartissez les fronces entre les repères. Piquez.

Bâtissez les coutures de côtés endroit contre endroit. Piquez chaque côté.

Bâtissez les biais d'emmanchure aux emmanchures de la robe, endroit contre endroit. Piquez. Recoupez les rentrés de couture à 4 mm de la piqûre de montage. Surfilez les rentrés de 3 mm ensemble, et bâtissez. Fixez à points coulés ou surpiquez.

Pliez la bande d'encolure en deux, endroit contre endroit. Piquez les deux extrémités ensemble.

Froncez le devant et le dos entre les repères. Bâtissez la bande d'encolure à l'encolure, endroit contre endroit, en faisant correspondre les points de repère : A milieu devant, B sur le devant, repère de l'épaule avec les coutures d'épaule, D sur le dos, C milieu dos. Répartissez les fronces entre les points B pour le devant et entre les points D pour le dos. Piquez. Recoupez les rentrés de couture à 4 mm de la piqûre. Rabattez le biais d'encolure sur l'envers. Faites un rentré et fixez à points coulés sur l'envers de la robe ou surpiquez.

Préparez la coulisse de la taille en pliant les rentrés de couture sur l'envers de la coulisse de la taille. Repassez-les pour marquer le pli. Bâtissez la coulisse sur l'envers de la robe, sur la ligne indiquée, en faisant coïncider les deux extrémités de la coulisse sur un des côtés de la robe. Surpiquez les deux bords de la coulisse. À l'aide d'une épingle à nourrice, glissez un élastique de 66 (70, 74, 77, 80, 83) cm en passant par l'ouverture du côté. Cousez solidement les deux extrémités de l'élastique ensemble. Fermez l'ouverture de la coulisse à points invisibles.

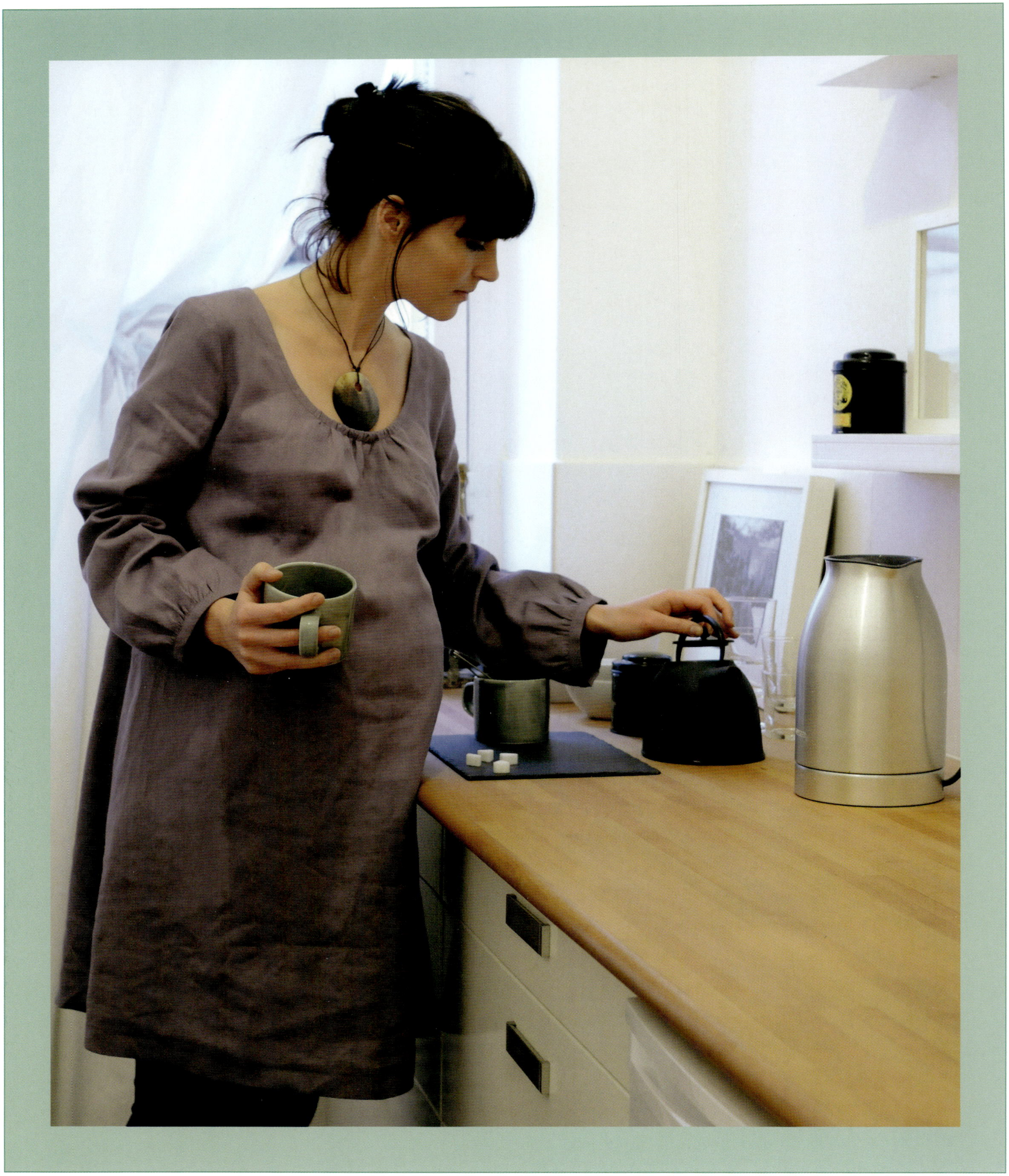

La robe tunique à encolure en U

36, 38, 40, 42, 44, 46 (patron planche 4 en violet)

FOURNITURES
2 m (2 m, 2 m, 2 m 10, 2 m 10, 2 m 10) de lin en 150 cm de large

COUPE
Devant : coupez 1 fois en double sur la pliure du tissu
Dos : coupez 1 fois en double sur la pliure du tissu
Manches : coupez 2 fois
Parementure d'encolure devant : coupez 1 fois en double sur la pliure
Parementure d'encolure dos : coupez 1 fois en double sur la pliure
Bracelets de manche : coupez 2 bandes de 3 cm x 25 (25,5, 26, 26,5, 27, 27,5) cm

Assemblez le devant et le dos, endroit contre endroit. Bâtissez les coutures d'épaule puis piquez.
Froncez l'encolure devant entre les repères de chaque côté du milieu devant.
Froncez la tête des manches et les poignets.
Assemblez les manches et la robe, endroit contre endroit en répartissant les fronces
sur le haut des manches. Bâtissez puis piquez.
Assemblez la robe devant avec la robe dos, endroit contre endroit. Bâtissez les coutures de côté
et les coutures de dessous de manche. Piquez chaque côté en une seule couture continue.
Assemblez la parementure devant et la parementure dos, endroit contre endroit.
Bâtissez les coutures d'épaule puis piquez.
Posez la parementure à l'encolure de la robe, endroit contre endroit. Bâtissez en faisant correspondre
les coutures d'épaule de la parementure et de la robe et en faisant correspondre les milieux devant
ou dos de la parementure et de la robe. Répartissez les fronces de l'encolure de la robe, de chaque côté
du milieu devant. Piquez. Recoupez les rentrés de couture à 4 mm de la piqûre de montage
et crantez les rentrés de couture.
Repliez la parementure sur l'envers de la robe. Faites un rentré au bord de la parementure
et bâtissez la parementure sur la robe. Surpiquez au bord de la parementure.
Pliez les bracelets de manches en deux, endroit contre endroit, et bâtissez les extrémités ensemble.
Piquez.
Bâtissez les bracelets de manche aux bas des manches, endroit contre endroit, en répartissant
les fronces. Piquez. Recoupez les rentrés de couture à 4 mm de la piqûre.
Pliez les bracelets de manche et faites un rentré sur l'envers. Fixez à points invisibles le long de la piqûre
de montage ou surpiquez.
Faites un ourlet de 3 cm au bas de la robe et fixez à points invisibles.

La robe à bretelles

36, 38, 40, 42, 44, 46 (patron planche 3 en marine)

FOURNITURES
2 m (2 m, 2 m, 2 m 20, 2 m 20, 2 m 20) de lin en 140 cm de large
3 boutons de 12 mm de diamètre

COUPE
Corsage devant : coupez 2 fois en double sur la pliure
Corsage dos : coupez 4 fois
Bretelles : coupez 4 bandes de 6 cm x 28 (28, 30, 30, 32, 32) cm
Patte indéchirable : coupez 1 biais de 18 cm x 2,5 cm
Jupe devant et dos : coupez 2 rectangles de 74 (74, 76, 76, 78, 78) cm x 68 (70, 72, 74, 76, 78) cm

Pliez les bretelles en deux dans le sens de la longueur, endroit contre endroit.
Piquez sur toute la longueur et l'une des extrémités. Retournez sur l'endroit en passant par l'extrémité restée ouverte.
Assemblez les devant et dos du corsage, endroit contre endroit. Bâtissez les coutures de côté. Piquez.
Procédez de la même façon avec le second corsage devant et les dos, pour doubler. Bâtissez les bretelles sur l'endroit des devant et dos du corsage, dans les angles, à 1 cm du bord pour les rentrés de couture.
Assemblez le corsage et la doublure, endroit contre endroit, en faisant correspondre les points A et B.
Bâtissez en prenant les bretelles entre les 2 épaisseurs. Piquez comme illustré (voir croquis ci-dessous) en pivotant dans les angles. Crantez et retournez sur l'endroit.
Faites une fente de 8 cm avec une patte indéchirable au milieu dos de la jupe, en suivant les indications de la page 21. Repliez le côté droit de la patte indéchirable sur l'envers du dos. Assemblez les jupes devant et dos, endroit contre endroit. Bâtissez les coutures de côté. Piquez. Froncez le haut de la jupe.
Assemblez la jupe et le corsage, endroit contre endroit. Bâtissez en faisant correspondre les coutures de côté, le milieu devant, les milieux dos. Répartissez les fronces entre ces repères. Piquez. Sur l'envers, rabattez la doublure du corsage en repliant les rentrés de couture vers l'intérieur.
Bâtissez le long de la piqûre. Fixez à points invisibles.
Brodez 2 boutonnières sur le côté droit du dos du corsage. Cousez les 2 boutons en vis-à-vis sur le côté gauche. Faites un ourlet rentré de 3 cm au bas de la jupe. Fixez à points invisibles.

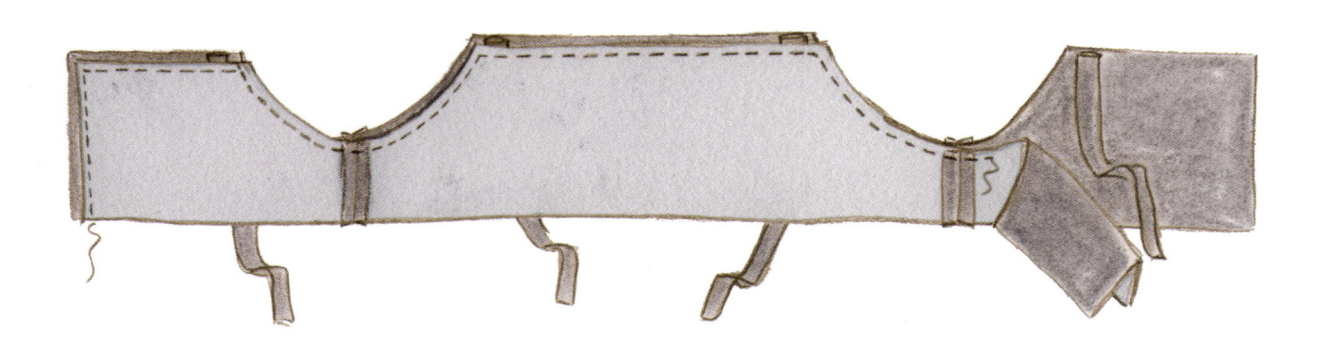

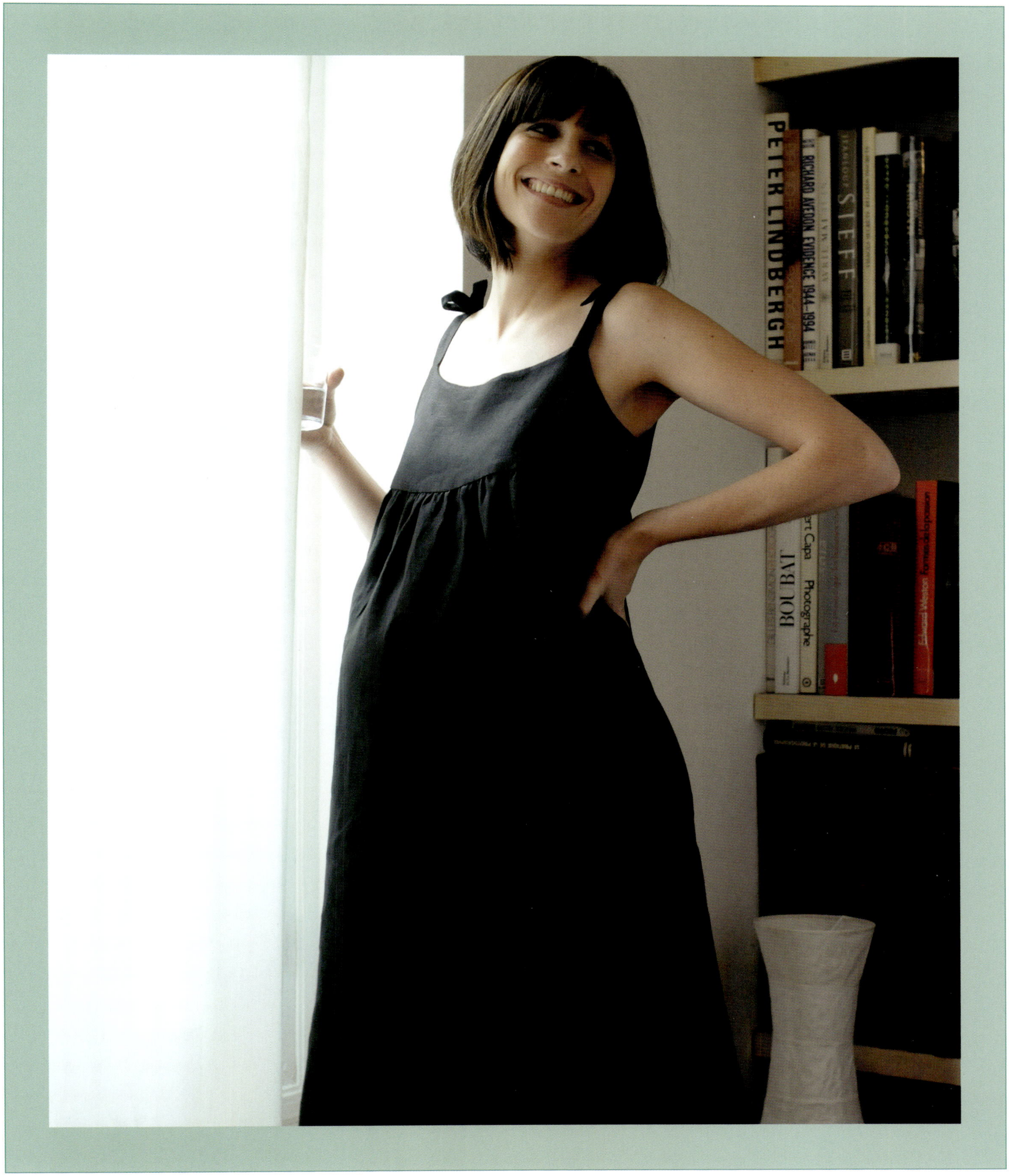

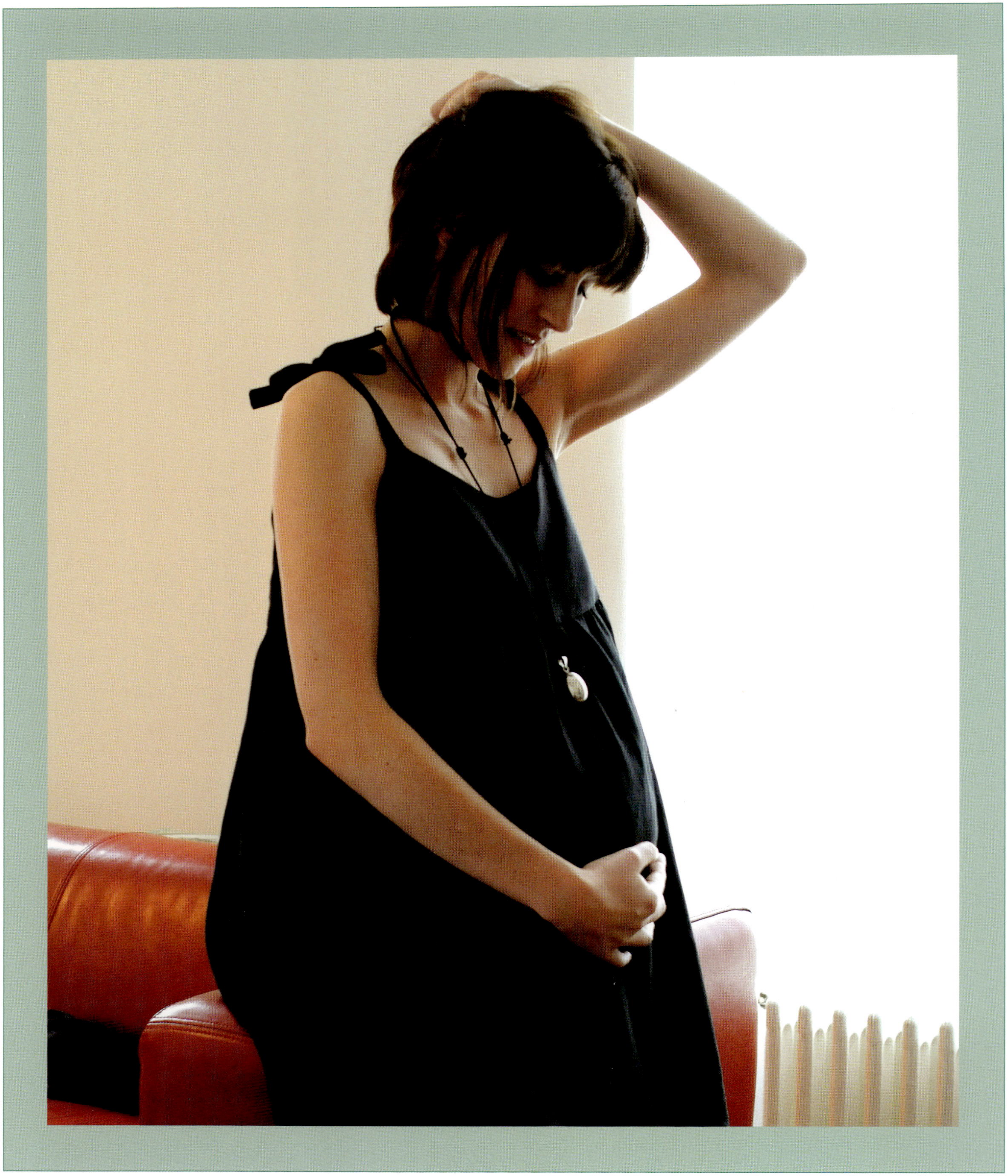

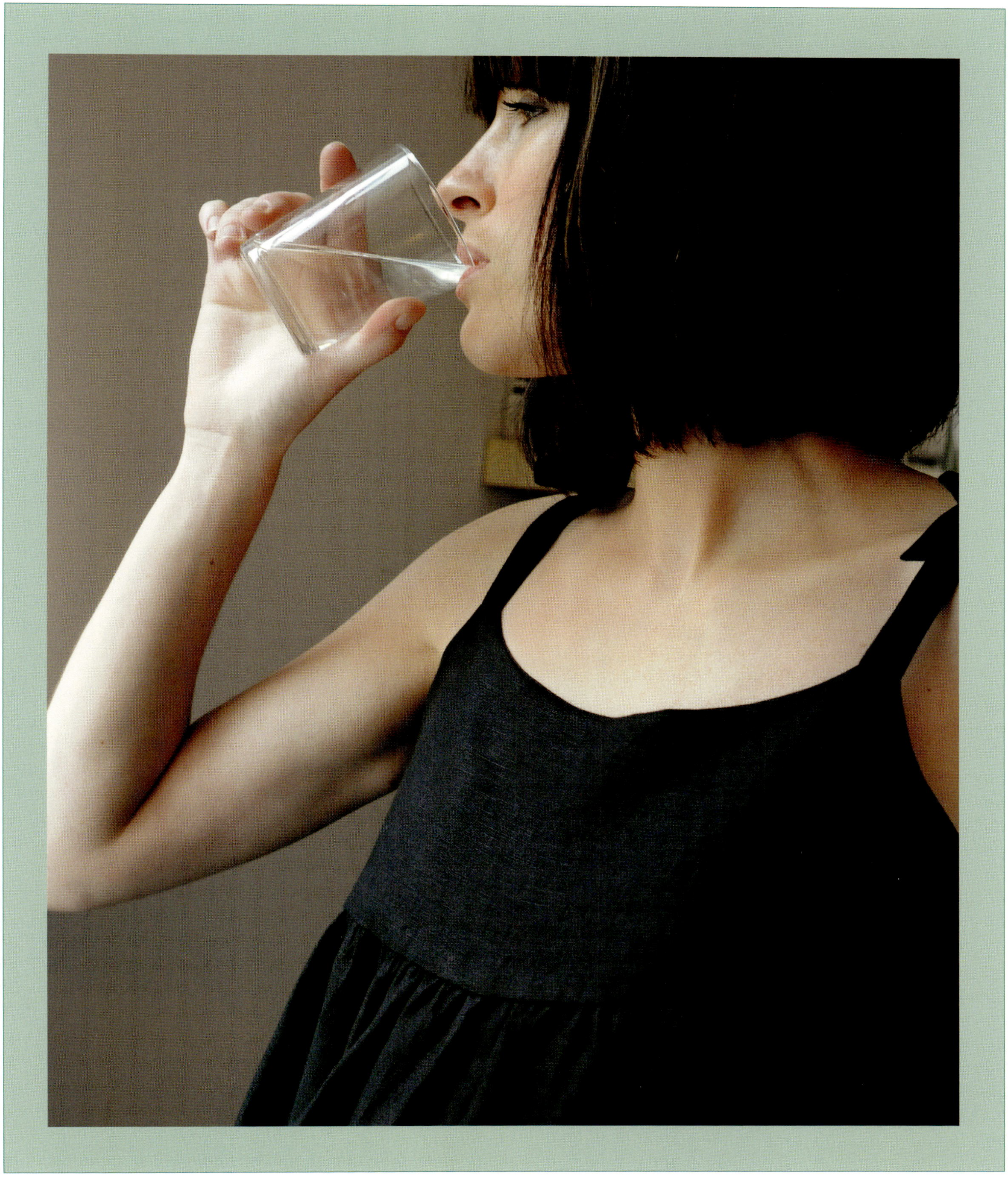

La robe à manches trois-quarts

36, 38, 40, 42, 44, 46 (patron planche 3 en vert)

FOURNITURES

2 m (2 m, 2 m 20, 2 m 20, 2 m 20) de lainage léger ou de cotonnade en 140 cm de large

COUPE

Corsage devant : coupez 2 fois

Corsage dos : coupez 1 fois en double sur la pliure

Manches : coupez 2 fois

Parementure corsage devant : coupez 2 fois

Jupe devant et dos : coupez 2 rectangles de 74 (74, 76, 76, 78, 78) cm x 66 (68, 70, 72, 74, 76) cm

Biais d'encolure dos : coupez 1 bande dans le biais de 2 cm x 24 (25, 26, 27, 28, 29) cm

Bracelets de manche : coupez 2 bandes de 3 cm x 25 (25,5, 26, 26,5, 27, 27,5) cm

Assemblez les corsages devant endroit contre endroit. Piquez au milieu devant du repère jusqu'au bas du corsage. Procédez de la même façon pour la parementure devant. Posez la parementure du corsage devant sur le corsage, endroit de la parementure contre l'envers du corsage. Bâtissez l'encolure de chaque côté et la fente devant, en arrêtant au repère du milieu devant. Piquez chaque côté de l'encolure, en pivotant dans les angles et en arrêtant au repère du milieu devant. Recoupez les rentrés de couture à 4 mm de la piqûre et crantez au repère du milieu devant. Retournez la parementure sur l'endroit du corsage. Repliez les rentrés de couture de la parementure sur l'envers et bâtissez la parementure sur le corsage. Surpiquez le bord de la parementure. Bâtissez le biais d'encolure dos à l'encolure du corsage dos. Piquez. Recoupez les rentrés de couture à 4 mm de la piqûre et crantez. Repliez le biais sur l'envers du corsage dos et bâtissez sur le corsage dos en faisant un rentré de 3 mm.
Fixez à points invisibles ou surpiquez. Assemblez les corsages devant et dos, endroit contre endroit. Bâtissez les coutures d'épaule. Piquez. Froncez la tête des manches et les poignets. Bâtissez les manches aux emmanchures en répartissant les fronces entre les repères de chaque côté des coutures d'épaule. Piquez. Recoupez les rentrés de couture à 7 mm de la piqûre et surfilez les rentrés ensemble.
Bâtissez les coutures de côté du corsage et de dessous de manche en une seule couture continue. Piquez. Pliez les bracelets de manche, endroit contre endroit. Bâtissez les extrémités ensemble. Piquez.
Bâtissez les bracelets de manche aux poignets, endroit contre endroit, en répartissant les fronces. Piquez. Recoupez les rentrés de couture à 5 mm de la piqûre. Repliez les bracelets de manche sur l'envers des manches. Faites un rentré de 3 mm et fixez à points coulés le long de la piqûre de montage.
Bâtissez les coutures de côté de la jupe devant et de la jupe dos, endroit contre endroit. Piquez.
Passez un fil de fronces à la taille. Assemblez la jupe et le corsage, endroit contre endroit.
Faites correspondre les coutures de côtés de la jupe et du corsage, les milieux devant ou dos de la jupe et du corsage, en répartissant les fronces entre ces repères. Bâtissez puis piquez.
Faites un ourlet rentré de 3 cm au bas de la robe. Fixez à points coulés ou surpiquez.

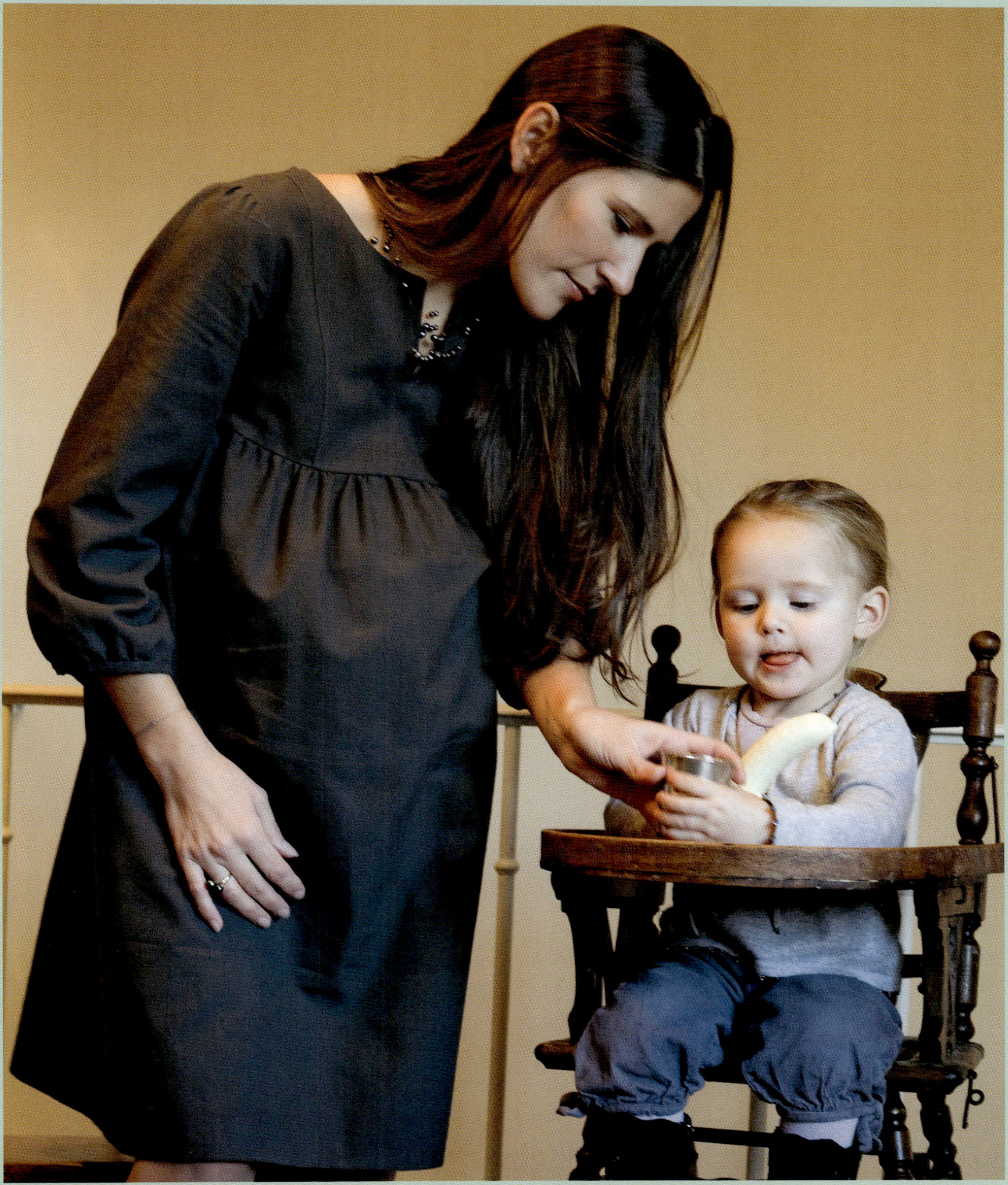

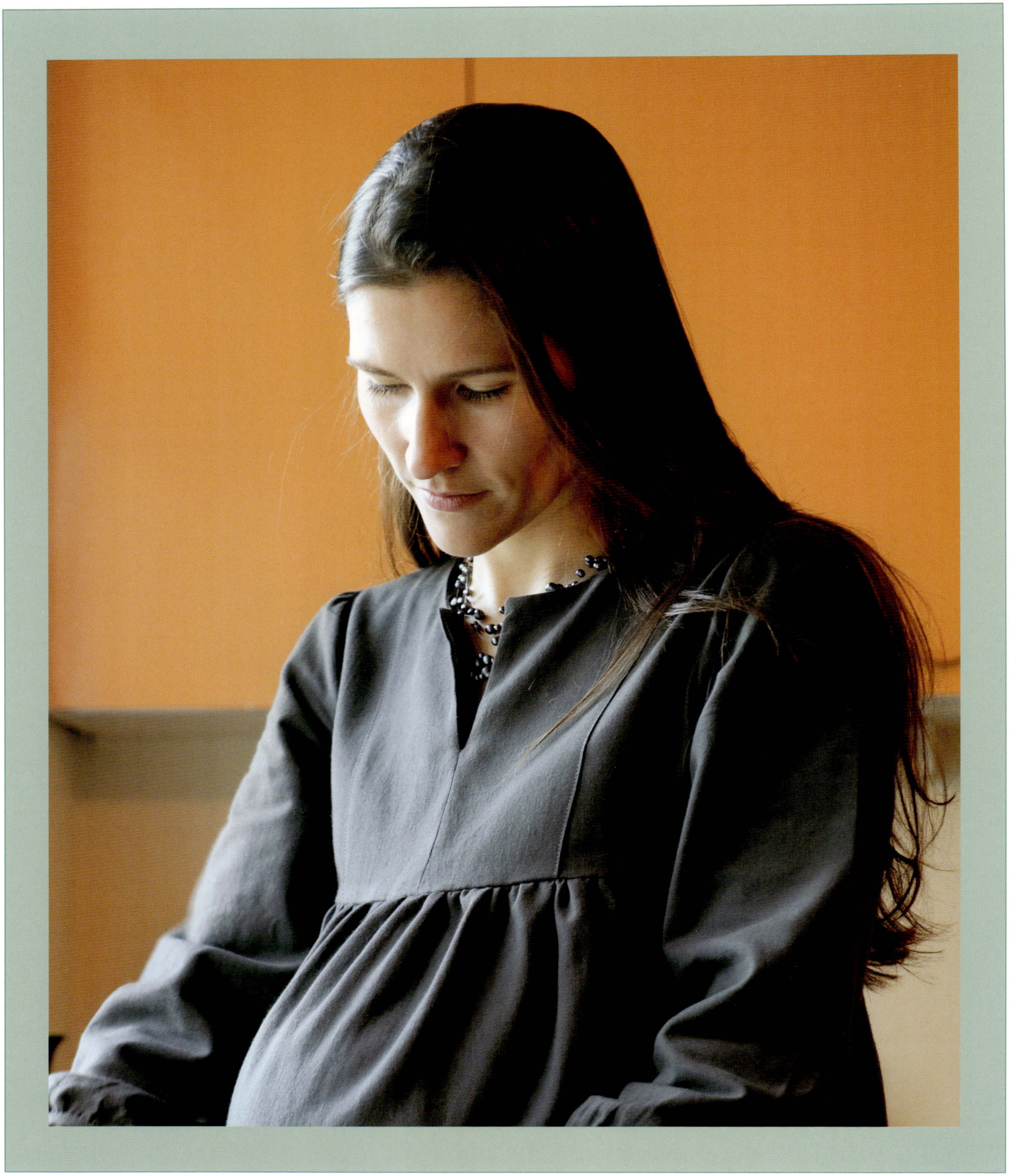

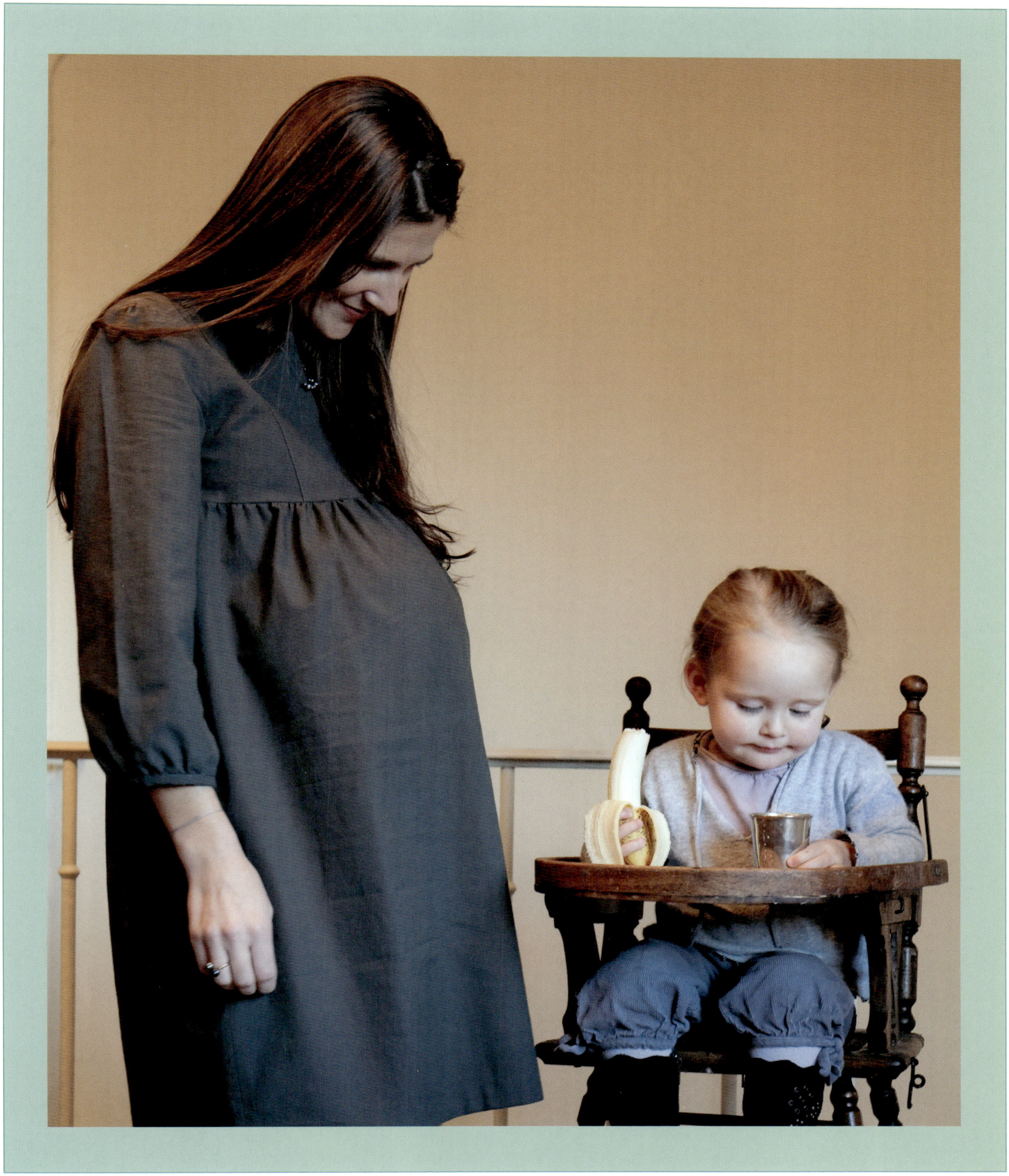

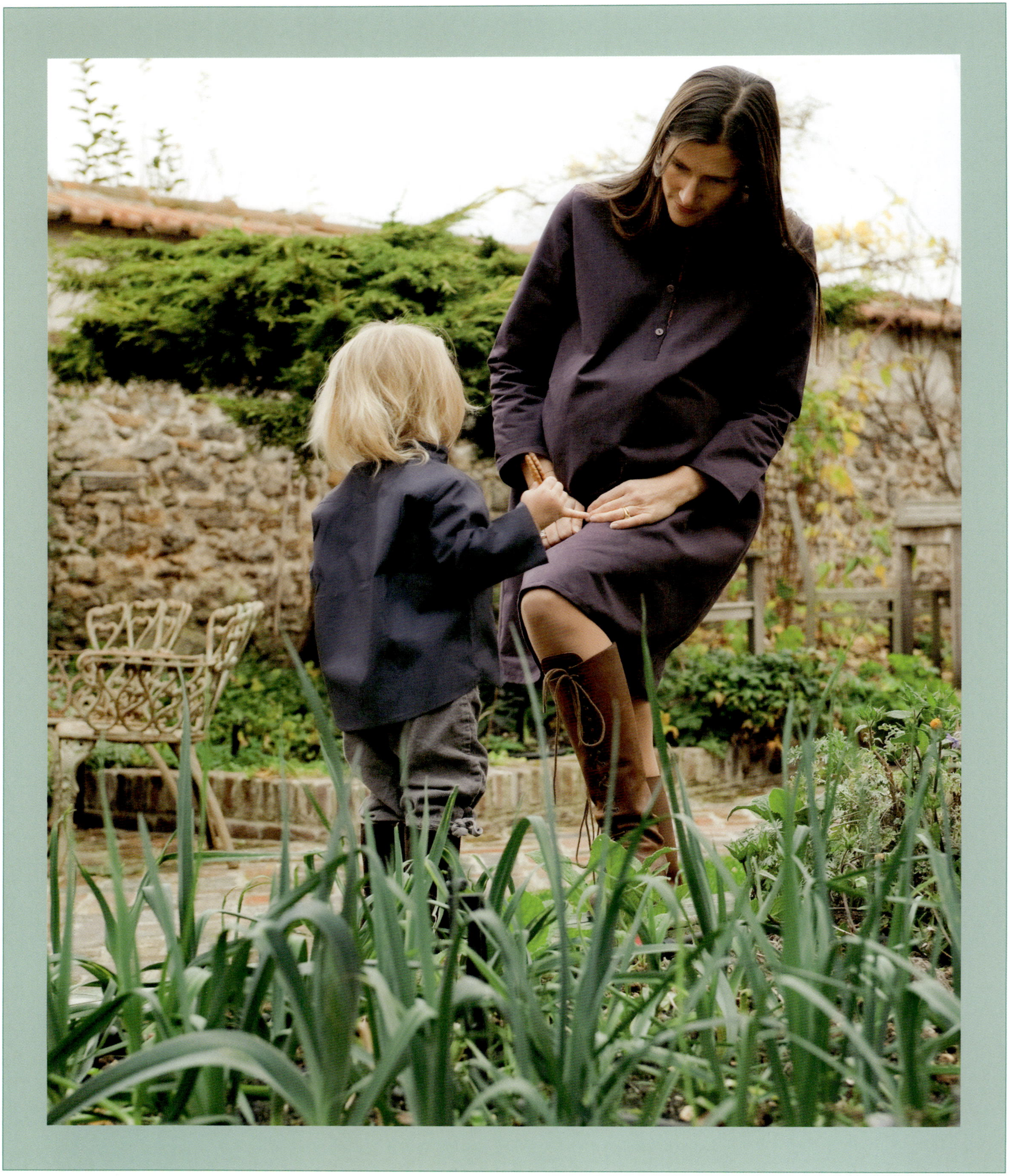

La robe à encolure polo

36, 38, 40, 42, 44, 46 (patron planche 4 en marine)

FOURNITURES

2 m (2 m, 2 m, 2 m 10, 2 m 10, 2 m 10) de gabardine de coton en 140 cm de large

25 cm de tissu Liberty en 140 cm de large

3 boutons de 12 mm de diamètre

COUPE

Devant : coupez 1 fois en double sur la pliure

Dos : coupez 1 fois en double sur la pliure

Empiècement dos : coupez 1 fois en double sur la pliure

Manches : coupez 2 fois

Patte de boutonnage devant : coupez 1 bande de gabardine de 5 cm x 26 (27, 28, 29, 30, 31) cm de long et 1 bande de mêmes dimensions en tissu Liberty

Biais d'encolure : coupez 1 bande de biais de 2 cm et de 52, 54, 56, 58, 60, 62) cm en tissu Liberty

Fendez le milieu devant en arrêtant à 1 cm du repère.

Assemblez le devant et l'empiècement dos, endroit contre endroit. Bâtissez les coutures d'épaule. Piquez. Bâtissez les biais d'encolure à l'encolure, endroit contre endroit. Piquez. Recoupez les rentrés de couture à 4 mm de la piqûre et crantez. Repliez le biais d'encolure sur l'envers. Faites un rentré de 3 mm et bâtissez le biais sur l'envers de la robe. Surpiquez le biais d'encolure ou fixez à points coulés.

Posez la patte de boutonnage en gabardine sur le côté droit de la fente du milieu devant, endroit contre endroit et la patte de boutonnage en tissu Liberty sur le côté gauche, endroit contre endroit. Montez ensuite la patte polo en suivant les explications de la page 22 et en superposant la patte en gabardine sur la patte en Liberty. La patte finie doit mesurer 1,5 cm de large.

Froncez le haut du dos. Bâtir l'empiècement dos avec le dos, endroit contre endroit, en faisant correspondre le milieu dos. Répartissez les fronces de chaque côté. Piquez.

Surfilez les rentrés de couture ensemble.

Bâtissez les manches aux emmanchures, endroit contre endroit. Piquez.

Recoupez les rentrés de couture à 7 mm de la piqûre. Surfilez les rentrés de couture ensemble.

Assemblez le devant et le dos, endroit contre endroit. Bâtissez les coutures de côté du devant et du dos, et les coutures de dessous de manche. Piquez en une seule couture continue.

Faites un ourlet de 3 cm au bas de la robe. Fixez à points invisibles ou surpiquez.

Faites un ourlet rentré de 1 cm au bas des manches. Fixez à points invisibles ou surpiquez.

Brodez 3 boutonnières sur la patte de boutonnage en gabardine du côté droit.

Cousez les boutons en vis-à-vis sur la patte de boutonnage du côté gauche.

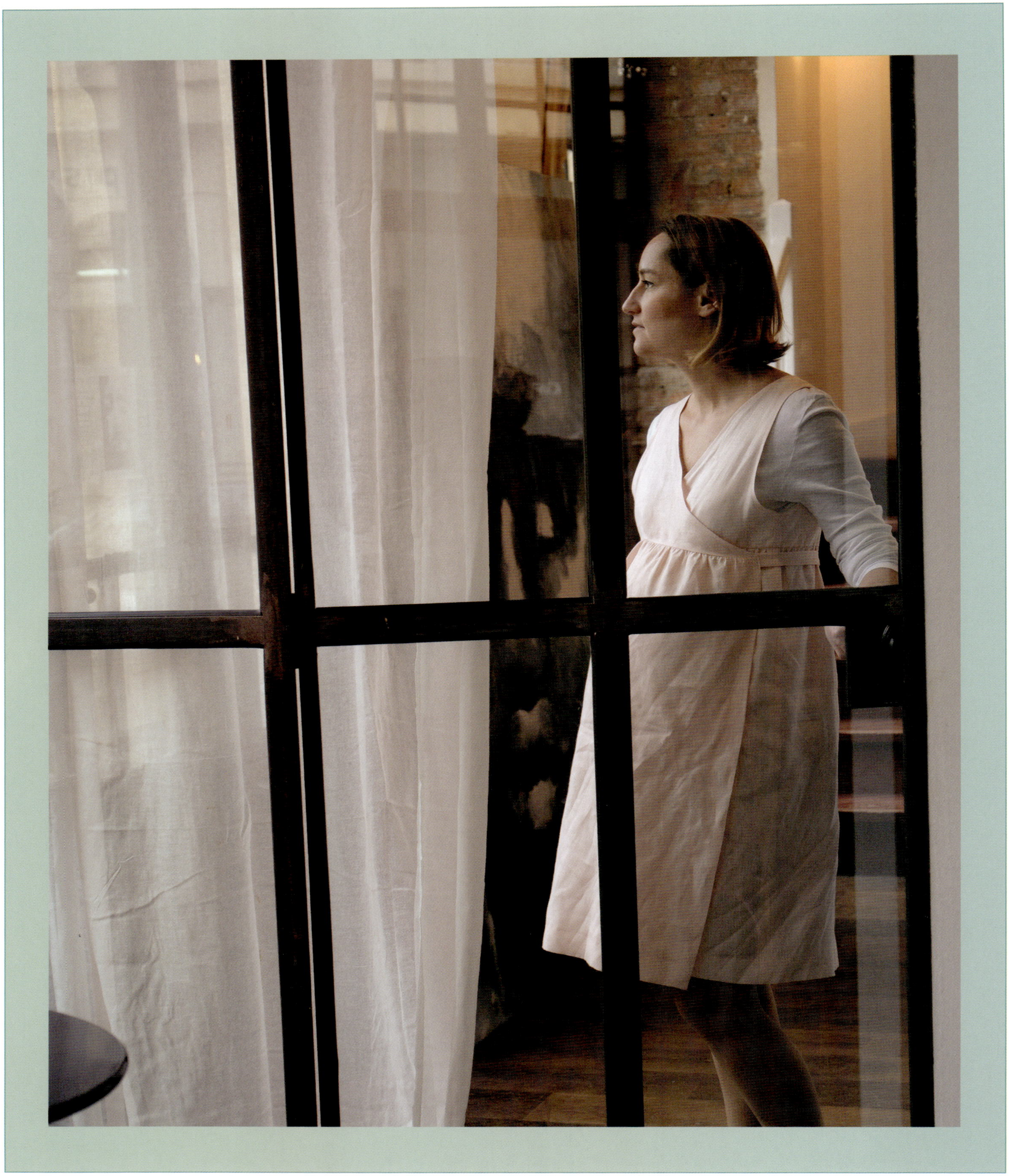

La robe cache-cœur portefeuille

36, 38, 40, 42, 44, 46 (patron planche 4 en rouge)

FOURNITURES
2 m (2 m, 2 m, 2 m 10, 2 m 10, 2 m 10) de popeline ou de cotonnade en 140 cm de large

COUPE
Corsage devant : coupez 2 fois
Corsage dos : coupez 1 fois en double sur la pliure
Jupe devant : coupez 2 rectangles de 72 (72, 72, 74, 74, 74) cm x 50 (52, 54, 56, 58, 60) cm
Jupe dos : coupez 1 rectangle de 72 (72, 72, 74, 74, 74) cm x 72 (74, 76, 78, 80, 82) cm
Ceintures : coupez 2 bandes de 5 cm de large x 84 (86, 88, 90, 92, 94) cm de long
Biais d'encolure et d'emmanchure : réalisez 2 m de biais de 2,5 cm de large en suivant les indications de la page 18

Fermez les pinces de poitrine en pliant les corsages devant, endroit contre endroit.
Piquez sur la ligne de pince. Repassez les pinces couchées sur l'envers du corsage, vers le milieu devant.
Assemblez le corsage dos avec les corsages devant, endroit contre endroit. Bâtissez les coutures d'épaule puis piquez. Bâtissez le biais à l'encolure devant et dos du corsage, endroit contre endroit. Piquez.
Recoupez les rentrés de couture à 3 mm de la piqûre et crantez. Repliez le biais sur l'envers.
Faites un rentré de 3 mm et bâtissez le biais sur l'envers du corsage. Surpiquez ou fixez à points invisibles sur le corsage. Bâtissez le biais aux emmanchures du corsage, endroit contre endroit. Piquez. Recoupez les rentrés de couture à 3 mm de la piqûre et crantez.
Pliez un rentré de 4 cm sur chacune des jupes devant, un sur le côté droit et un sur le côté gauche.
Marquez la pliure en repassant au fer.
Froncez les jupes dos et devant à la taille, sans froncer les rentrés des devants.
Assemblez la jupe dos et le corsage dos, endroit contre endroit. Bâtissez en faisant correspondre le milieu dos de la jupe avec le milieu dos du corsage et en répartissant les fronces. Piquez.
Assemblez les jupes devant et les corsages devant, endroit contre endroit.
Bâtissez en faisant correspondre le milieu devant de la jupe avec le milieu devant du corsage et en répartissant les fronces. Pliez les rentrés des jupes devant, endroit contre endroit, sur le corsage.
Piquez la taille en prenant le corsage entre la jupe et le rentré au milieu devant. Repliez les rentrés sur l'envers des jupes devant. Assemblez les devants et le dos de la robe, endroit contre endroit.
Bâtissez les coutures de côté et les biais d'emmanchure en une seule couture continue de chaque côté.
Piquez en laissant une ouverture de 3 cm de long dans la couture du côté droit pour passer la ceinture.
Repliez le biais d'emmanchure sur l'envers du corsage. Faites un rentré et bâtissez le biais sur l'envers du corsage. Surpiquez ou fixez à points invisibles.
Pliez les ceintures en deux dans le sens de la longueur, endroit contre endroit.
Piquez sur toute la longueur et l'une des extrémités. Retournez sur l'endroit en passant par l'extrémité restée ouverte. Bâtissez une ceinture sur chaque devant. Surpiquez.
Faites un ourlet de 4 cm au bas de la robe.

La robe tunique à encolure djellaba

36, 38, 40, 42, 44, 46 (patron planche 4 en bleu)

FOURNITURES
1 m 80 (1 m 80, 1 m 90, 1 m 90, 2 m, 2 m) de popeline en 140 cm de large

COUPE
Devant : coupez 1 fois en double sur la pliure
Dos : coupez 1 fois en double sur la pliure
Manches : coupez 2 fois
Parementure d'encolure devant : coupez 1 fois en double sur la pliure
Parementure d'encolure dos : coupez 1 fois en double sur la pliure

Assemblez le devant et le dos, endroit contre endroit, par les coutures d'épaule. Bâtissez puis piquez.
Assemblez les parementures devant et dos. Bâtissez puis piquez.
Posez la parementure sur la robe, endroit contre endroit. Bâtissez l'encolure en faisant correspondre les coutures d'épaule de la tunique et de la parementure, les milieux dos et milieux devant.
Piquez en pivotant aux angles et au bas de la fente d'encolure devant.
Recoupez les rentrés de couture à 3 mm de la piqûre et crantez, y compris au bas de la fente.
Retournez la parementure sur l'envers de la robe. Faites un rentré au bord de la parementure et bâtissez sur l'envers de la robe tunique, tout le tour de l'encolure et de chaque côté de la fente du devant. Surpiquez ou fixez à points invisibles.
Bâtissez les manches aux emmanchures. Piquez. Recoupez les rentrés de couture à 7 mm de la piqûre et surfilez les rentrés de couture ensemble.
Assemblez le devant et le dos, endroit contre endroit. Bâtissez les coutures de côté et de dessous de manche en une seule couture continue. Piquez.
Faites un ourlet rentré de 1 cm, au bas des manches. Surpiquez ou fixez à points invisibles.
Faites un ourlet de 3 cm au bas de la robe tunique. Fixez à points invisibles.

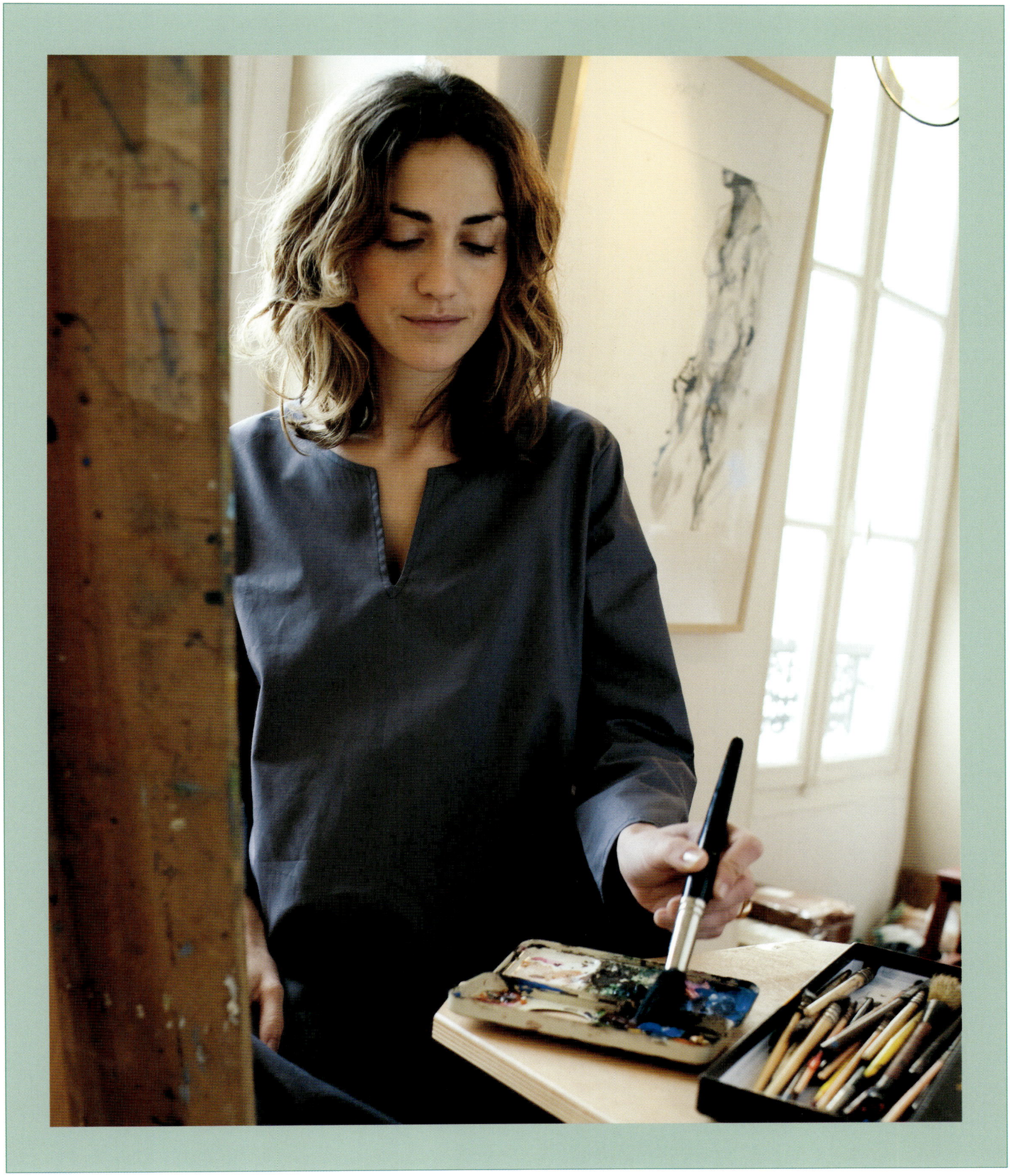

Les bas

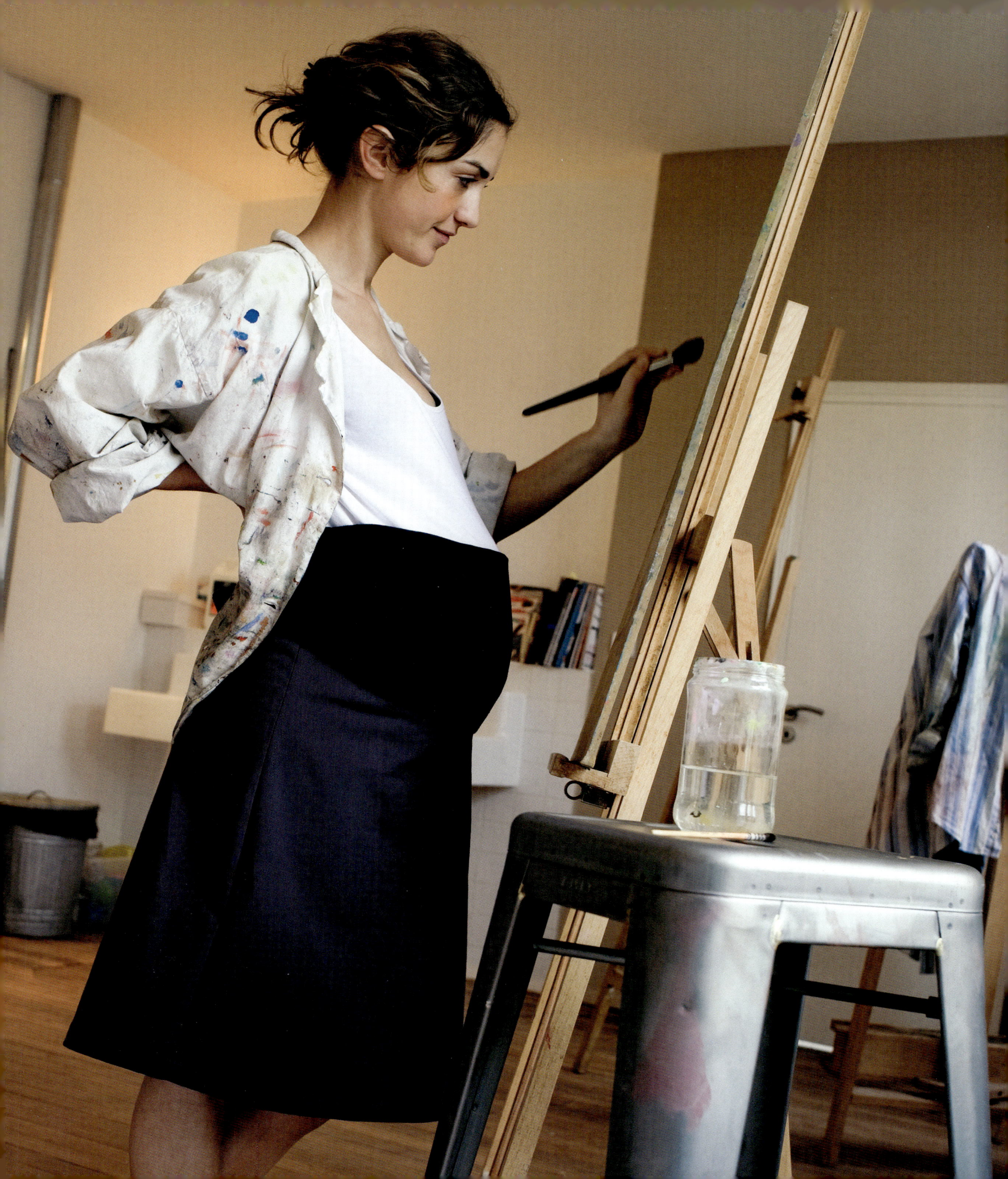

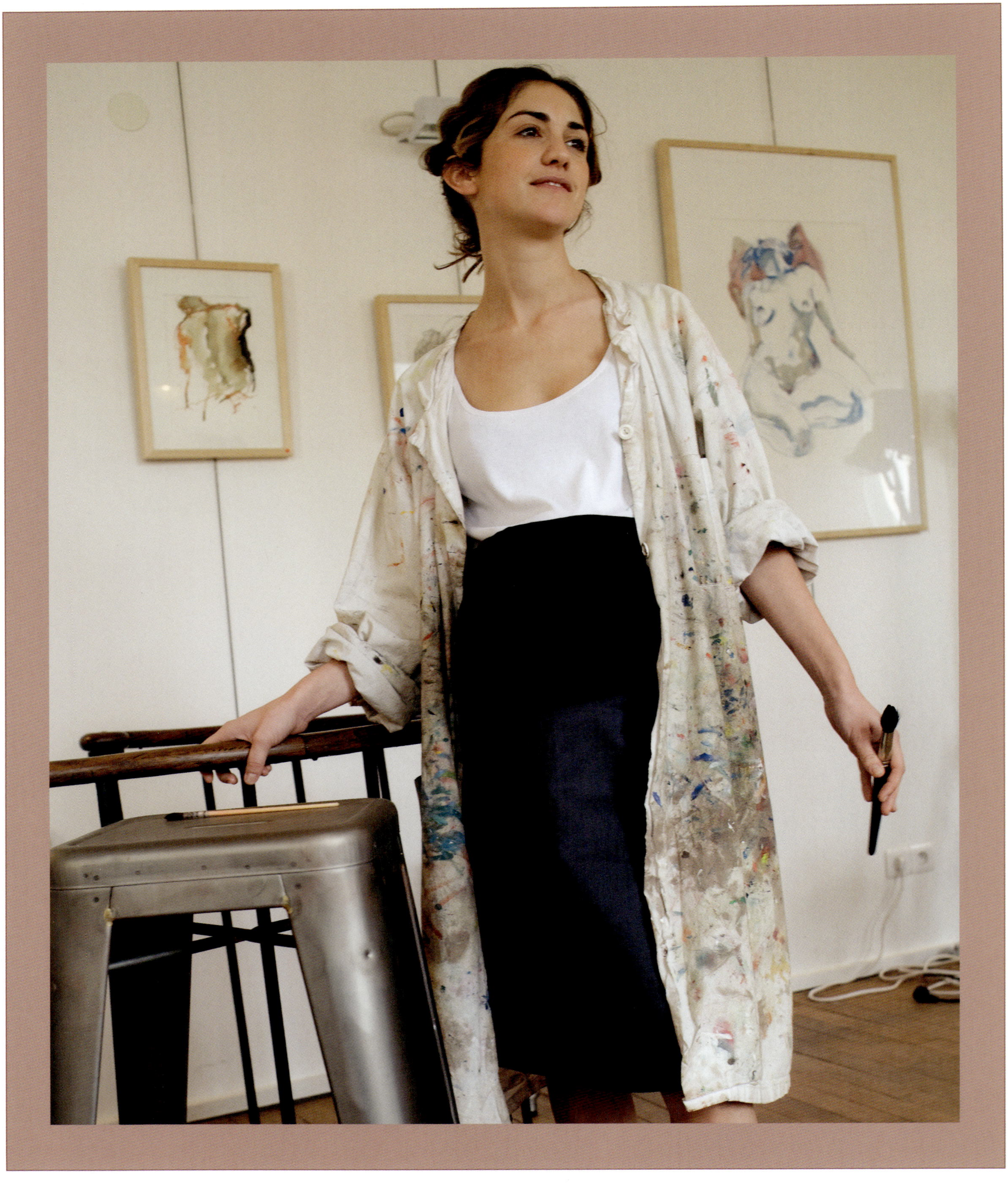

La jupe évasée

36, 38, 40, 42, 44, 46 (patron planche 3 en marron)

FOURNITURES

70 (70, 70, 80, 80, 80) cm de gabardine de coton en 150 cm de large

60 cm de jersey de coton en 140 cm de large

COUPE

Devant : coupez 1 fois en double sur la pliure du tissu

Dos : coupez 1 fois en double sur la pliure du tissu

Ceinture devant : coupez 1 fois en double sur la pliure du jersey de coton

Ceinture dos : coupez 1 fois en double sur la pliure du jersey de coton

Assemblez le devant et le dos de la jupe, endroit contre endroit. Piquez les coutures de côté.
Assemblez la ceinture devant et la ceinture dos, endroit contre endroit. Piquez les coutures de côté avec un point machine extensible (si votre machine à coudre ne fait pas ce type de point, vous pouvez utiliser le point zigzag en réduisant beaucoup la largeur. Ce point sera plus souple qu'un point droit).
Repassez les rentrés de couture de côté de la ceinture et de la jupe, ouverts.
Pliez la ceinture en deux.
Assemblez les deux épaisseurs de la ceinture pliée avec la jupe, endroit contre endroit.
Bâtissez en faisant correspondre le milieu devant de la ceinture avec celui de la jupe, le milieu dos de la ceinture avec celui de la jupe, les coutures de côté de la ceinture avec celles de la jupe.
Piquez en étirant la ceinture pour l'adapter à la jupe. Surfilez les rentrés de couture ensemble.
Faites un ourlet de 3 cm au bas de la jupe. Surpiquez ou fixez à points invisibles.

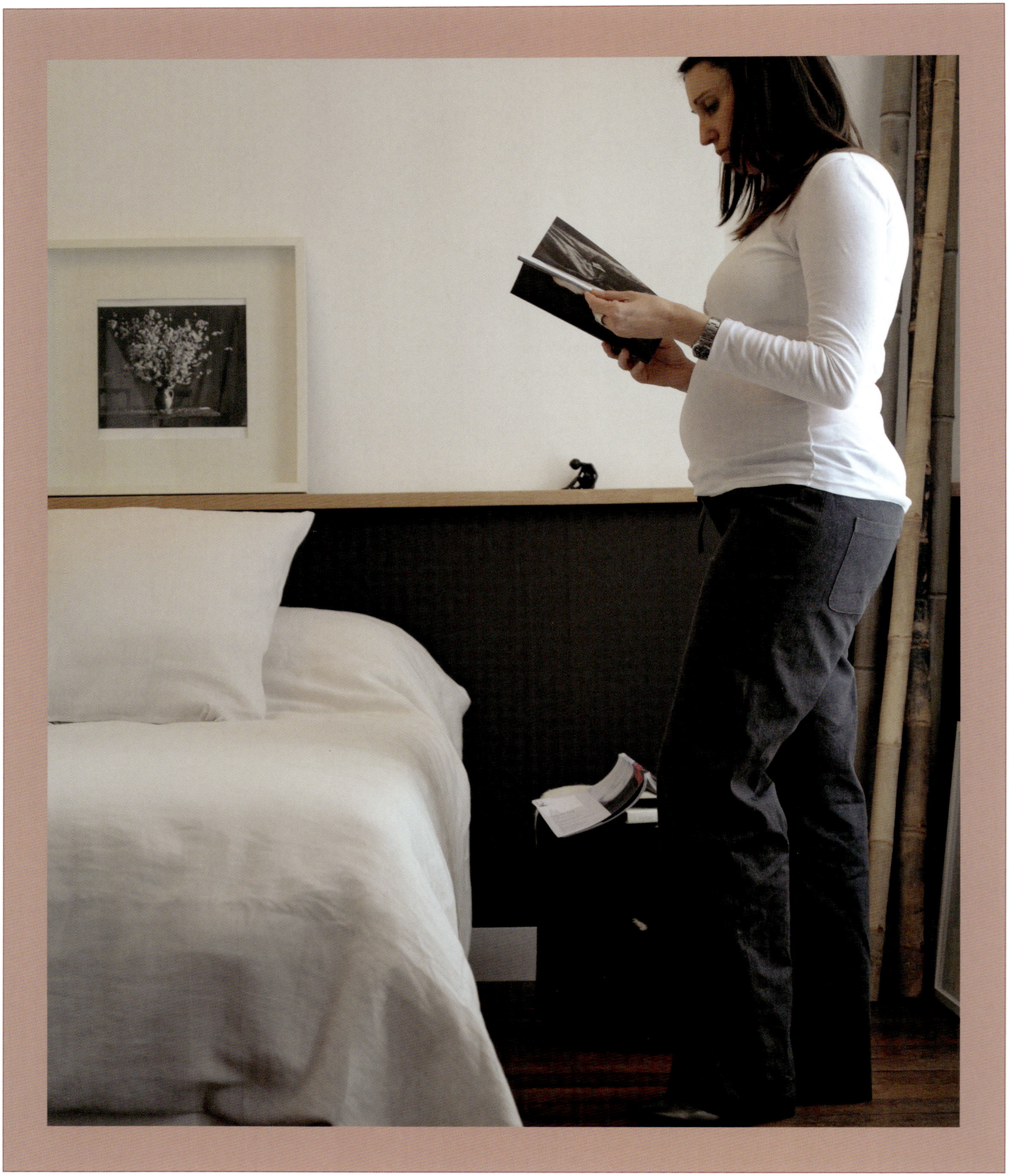

Le pantalon à ceinture coulissée

36, 38, 40, 42, 44, 46 (patron planche 4 en orange)

FOURNITURES

1 m 20 (1 m 20, 1 m 20, 1 m 30, 1 m 30, 1 m 30) de toile de coton ou de gabardine en 140 cm de large

10 cm de cotonnade en 140 cm de large

1 m 40 (1 m 40, 1 m 50, 1 m 50, 1 m 60, 1 m 60) de ruban de coton à chevrons de 1 cm de large

COUPE

Devant : coupez 2 fois

Dos : coupez 2 fois en prolongeant le bas des jambes en formant des angles droits

Poche dos : coupez 2 fois en prolongeant le bas des jambes en formant des angles droits

Parementure ceinture devant : coupez 2 fois en cotonnade

Parementure ceinture dos : coupez 2 fois en cotonnade

Assemblez les jambes devant, endroit contre endroit. Bâtissez la couture de montant puis piquez.
Surfilez les rentrés de couture ensemble sur l'envers et couchez-les vers la droite.
Sur l'endroit, surpiquez la couture de montant le long de la piqûre.
Procédez de la même façon pour les jambes dos.
Faites un ourlet rentré de 2 cm en haut de chacune des poches dos. Surpiquez. Posez les poches
sur les jambes dos, envers contre endroit, à l'emplacement indiqué de chaque côté. Repliez les rentrés
de couture sur l'envers de poches. Bâtissez puis surpiquez les poches.
Brodez une boutonnière de 1,4 cm de long, de part et d'autre de la couture du milieu devant,
à l'emplacement indiqué. Fendez les boutonnières.
Assemblez les 2 jambes, endroit contre endroit. Bâtissez les coutures de côté. Piquez.
Bâtissez la couture d'entrejambe. Piquez en une seule couture continue.
Assemblez les parementures de la ceinture devant, endroit contre endroit. Bâtissez la couture du milieu devant. Piquez.
Assemblez les parementures de la ceinture dos, endroit contre endroit. Bâtissez la couture du milieu dos. Piquez.
Assemblez les parementures devant et dos, endroit contre endroit. Bâtissez les coutures de côté. Piquez.
Bâtissez la parementure de la ceinture à la ceinture du pantalon, endroit contre endroit.
Piquez le haut de la parementure. Recoupez les rentrés de couture à 4 mm de la piqûre.
Repliez la parementure à l'intérieur du pantalon. Faites un rentré au bord inférieur de la parementure
et bâtissez sur l'envers du pantalon. Surpiquez au bord de la parementure.
À l'aide d'une épingle à nourrice, glissez le ruban dans la coulisse en passant par l'une des boutonnières
et en sortant par l'autre. Vous pouvez aussi ajouter un élastique dans la coulisse, si besoin.
Faites un ourlet rentré de 3 cm au bas de chaque jambe. Surpiquez.

Le pantalon avec ceinture bandeau

36, 38, 40, 42, 44, 46 (patron planche 3 en marron)

FOURNITURES
1 m 10 (1 m 10, 1 m 10, 1 m 20, 1 m 20, 1 m 20) de lin en 140 cm de large
60 cm de jersey de coton en 140 cm de large

COUPE
Devant : coupez 2 fois
Dos : coupez 2 fois
Ceinture devant : coupez 1 fois en double sur la pliure en jersey de coton
Ceinture dos : coupez 1 fois en double sur la pliure en jersey de coton

Assemblez les jambes devant, endroit contre endroit. Bâtissez la couture de montant puis piquez.
Surfilez les rentrés de couture ensemble sur l'envers et couchez-les vers la droite.
Sur l'endroit, surpiquez la couture de montant le long de la piqûre.
Procédez de la même façon pour les jambes dos.
Assemblez les 2 jambes, endroit contre endroit. Bâtissez les coutures de côté. Piquez.
Bâtissez la couture d'entrejambe. Piquez en une seule couture continue.
Assemblez la ceinture devant et la ceinture dos, endroit contre endroit. Piquez les coutures de côté avec un point machine extensible (si votre machine à coudre ne fait pas ce type de point, vous pouvez utiliser le point zigzag en réduisant beaucoup la largeur. Ce point sera plus souple qu'un point droit).
Repassez les rentrés ouverts de couture de côté de la ceinture et du pantalon.
Pliez la ceinture en deux.
Assemblez les 2 épaisseurs de la ceinture pliée avec le pantalon, endroit contre endroit.
Bâtissez en faisant correspondre le milieu devant de la ceinture avec celui du pantalon, le milieu dos de la ceinture avec celui du pantalon, les coutures de côté de la ceinture avec celles du pantalon. Piquez en étirant la ceinture pour l'adapter à la taille du pantalon. Surfilez les rentrés de couture ensemble.
Faites un ourlet rentré de 3 cm au bas de chaque jambe. Fixez à points invisibles.

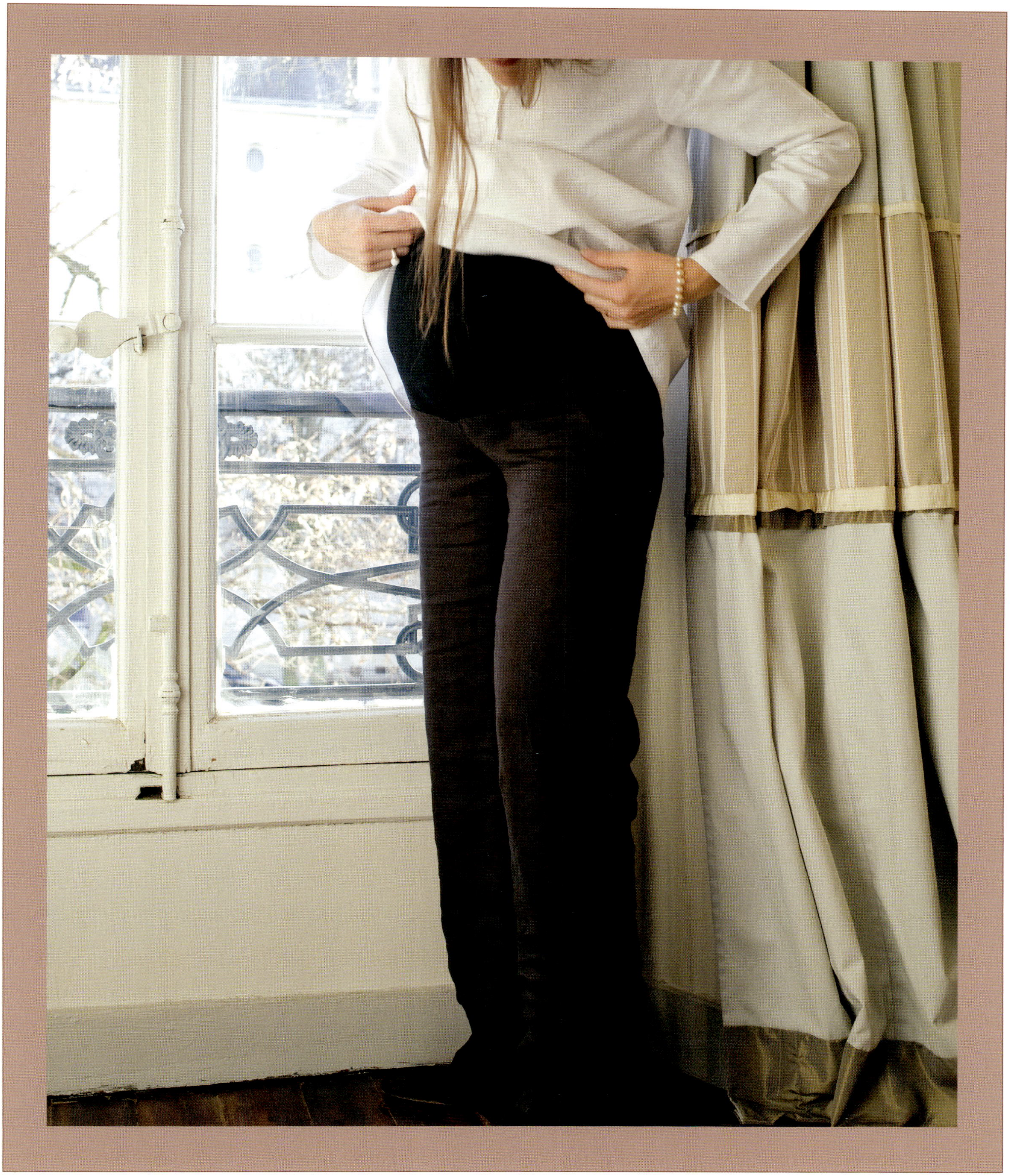

Les vestes et les manteaux

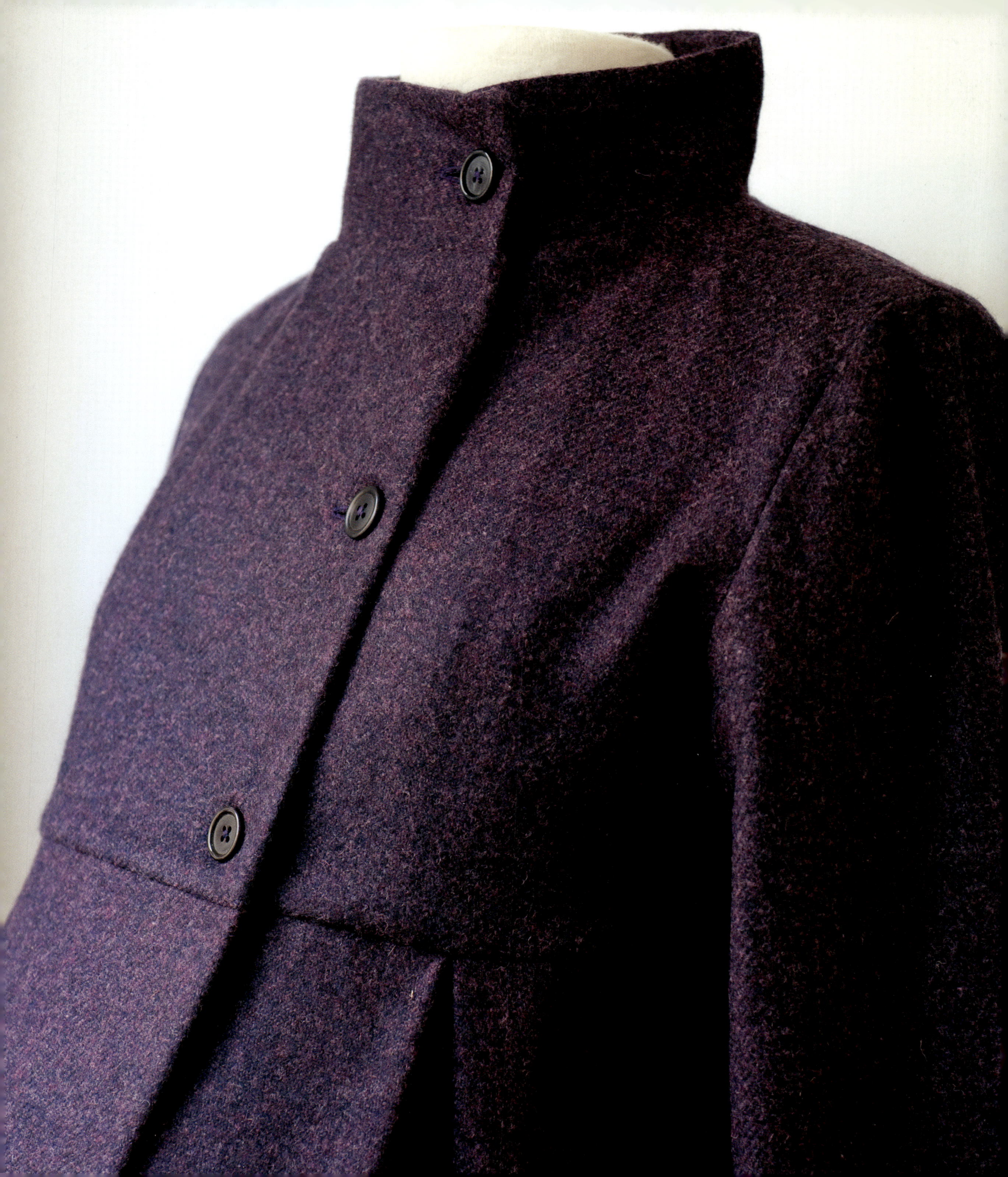

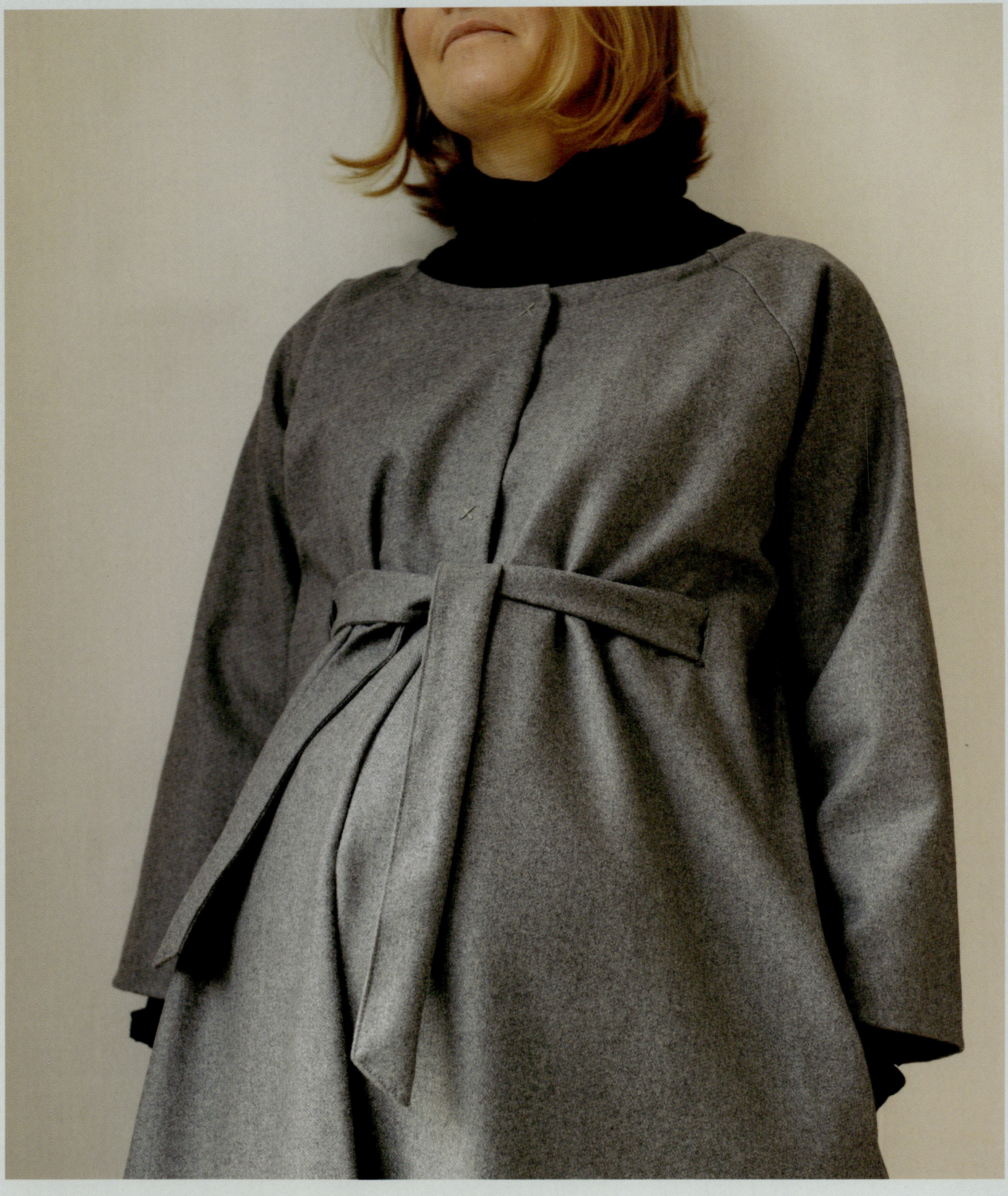

Le manteau ceinturé

36, 38, 40, 42, 44, 46 (patron planche 2 en bleu)

FOURNITURES
2 m (2 m, 2 m 20, 2 m 20, 2 m 40, 2 m 40) de lainage en 150 cm de large
1 m 80 (1 m 80, 2 m, 2 m, 2 m 20, 2 m 20) de cotonnade pour la doublure en 150 cm de large
2 gros boutons-pressions

COUPE
Devant : coupez 2 fois en lainage et 2 fois en cotonnade
Dos : coupez 1 fois en double sur la pliure en lainage et 1 fois en double sur la pliure en cotonnade
Manches : coupez 2 fois en lainage et 2 fois en cotonnade
Parementure devant : coupez 2 fois en lainage
Parementure d'encolure devant : coupez 2 fois en lainage
Parementure d'encolure dos : coupez 1 fois en double sur la pliure en lainage
Fond de poche : coupez 2 fois en lainage et 2 fois en cotonnade
Ceinture : coupez 1 bande de 10 cm x 140 (140, 140, 150, 150, 150) cm

Assemblez les fonds de poche en lainage avec le dos en lainage, endroit contre endroit, de chaque côté, à l'emplacement indiqué. Piquez.
Assemblez les fonds de poche en cotonnade avec les devants en lainage, endroit contre endroit, de chaque côté, à l'emplacement indiqué. Piquez.
Assemblez les devants et le dos en lainage, endroit contre endroit. Bâtissez les coutures de côté jusqu'aux fonds de poche et le tour des fonds de poche. Piquez en une seule couture continue en pivotant dans les angles formés par les coutures de côté et les fonds de poche.
Pliez les manches en 2, endroit contre endroit. Bâtissez les coutures de dessous de manche. Piquez.
Bâtissez les manches aux emmanchures, endroit contre endroit, en faisant correspondre les coutures de côté et les coutures de dessous de manche. Piquez les emmanchures.
Procédez de la même façon avec les pièces en cotonnade pour la doublure du manteau, sans les fonds de poche.
Assemblez les parementures d'encolure devant avec la parementure d'encolure dos, endroit contre endroit. Bâtissez les coutures d'épaule puis piquez.
Posez la parementure d'encolure sur la doublure, l'envers de la parementure contre l'endroit de la doublure, en faisant correspondre le milieu dos de la parementure et de la doublure.
Bâtissez l'encolure de la parementure et de la doublure pour les maintenir ensemble lors de la suite du montage.
Faites un rentré de 5 mm au bord extérieur de la parementure. Bâtissez la parementure sur la doublure, le long de ce rentré. Surpiquez.
Posez les parementures devant sur chaque devant de la doublure, envers de la parementure contre l'endroit de la doublure, en faisant correspondre le milieu devant des parementures et de la doublure.
Bâtissez les parementures et la doublure, le long du milieu devant, pour les maintenir ensemble lors de la suite du montage. Faites un rentré de 5 mm au bord de la parementure et bâtissez la parementure sur la doublure, le long de ce rentré. Surpiquez.

Assemblez la doublure et le manteau, endroit contre endroit, en faisant correspondre le milieu dos du manteau et de la doublure. Bâtissez l'encolure et les devants. Les parementures se trouvent alors, entre le manteau et la doublure. Piquez en pivotant dans les angles. Crantez les rentrés de couture. Retournez la doublure sur l'envers du manteau. Faites un ourlet de 3 cm au bas du manteau.
Faites un ourlet rentré de 3 cm au bas de la doublure, suffisamment en retrait pour que la doublure ne dépasse pas du manteau. Fixez à points invisibles la doublure sur l'ourlet du manteau au bas des devants. Faites un ourlet de 2 cm au bas des manches. Faites un rentré sur la doublure au bas des manches et cousez la doublure sur l'ourlet des manches, suffisamment en retrait pour que la doublure ne dépasse pas au bas des manches.
Brodez une boutonnière de 4 cm de longueur, sur chaque devant à l'emplacement indiqué et au travers de toutes les épaisseurs, manteau et doublure.
Pliez la ceinture en deux, endroit contre endroit. Bâtissez sur toute la longueur, ainsi que les extrémités en les biaisant légèrement. Piquez en laissant au milieu de la ceinture une ouverture de 10 cm pour la retourner. Crantez les rentrés de couture. Retournez la ceinture sur l'endroit et fermez l'ouverture à points invisibles. Repassez la ceinture puis glissez-la à l'intérieur du manteau en faisant ressortir ses extrémités sur le devant, par les boutonnières.
Cousez les boutons-pressions sur les devants, aux emplacements indiqués.

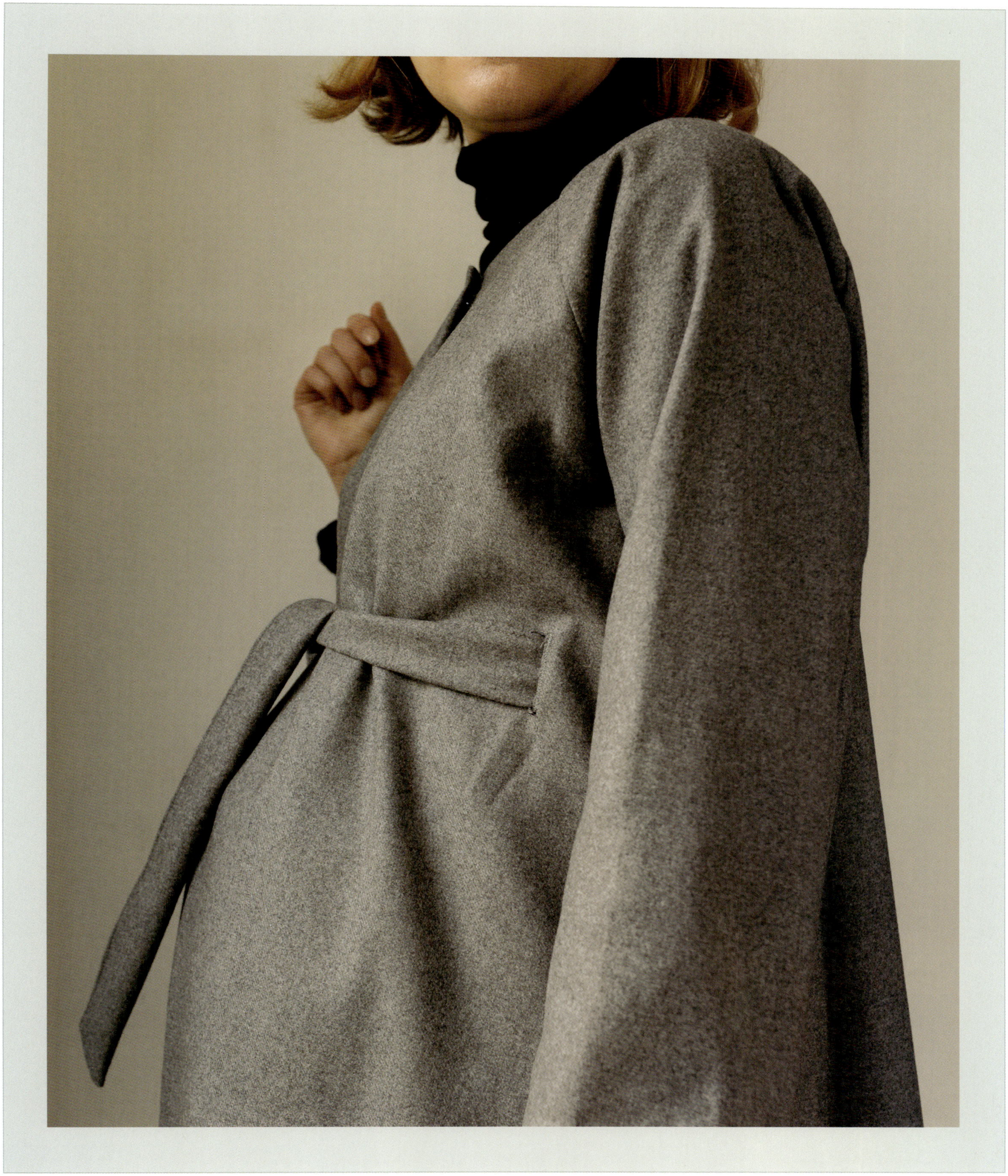

Le manteau trois-quarts

36, 38, 40, 42, 44, 46 (patron planche 3 en violet)

FOURNITURES
2 m (2 m, 2 m 20, 2 m 20, 2 m 40, 2 m 40) de lainage en 150 cm de large
1 m 80 (1 m 80, 2 m, 2 m, 2 m 20, 2 m 20) de cotonnade pour la doublure en 150 cm de large
3 gros boutons

COUPE
Corsage devant : coupez 2 fois en lainage et 2 fois en cotonnade
Corsage dos : coupez 1 fois en double sur la pliure en lainage et 1 fois en double sur la pliure en cotonnade pour la doublure
Manches : coupez 2 fois en lainage et 2 fois en cotonnade pour la doublure
Devant : coupez 2 fois en lainage
Dos : coupez 1 fois en double sur la pliure en lainage et 1 fois en double sur la pliure en cotonnade pour la doublure
Col : coupez 2 fois en double sur la pliure en lainage et 1 fois en double sur la pliure en cotonnade pour l'entoilage
Doublure corsage devant : coupez 2 fois en cotonnade
Doublure devant : coupez 2 fois en cotonnade

Entoilez une des pièces du col en lainage en plaçant la pièce en cotonnade sur l'envers de la pièce en lainage. Bâtissez tout autour de ces deux pièces pour les maintenir ensemble lors de la suite du montage.
Assemblez les pièces du col, endroit contre endroit. Bâtissez puis piquez en pivotant dans les angles. Recoupez les rentrés de couture et crantez les angles. Retournez le col sur l'endroit.
Assemblez les corsages devants et dos, endroit contre endroit. Bâtissez les coutures d'épaule puis piquez. Bâtissez les coutures de côté puis piquez. Procédez de la même façon avec les pièces en cotonnade pour la doublure.
Pliez les manches endroit contre endroit. Bâtissez les coutures de dessous de manche. Piquez. Procédez de la même façon avec les manches en doublure.
Bâtissez les manches aux emmanchures du corsage, endroit contre endroit, en faisant correspondre les coutures de dessous de manche avec les coutures de côté du corsage et en faisant correspondre les repères de montage. Piquez les emmanchures. Procédez de la même façon avec les pièces de la doublure.
Assemblez les devants et le dos, endroit contre endroit. Bâtissez les coutures de côté puis piquez. Formez les plis creux des devants et du dos à la taille. Procédez de la même façon avec les pièces de la doublure.
Assemblez la jupe avec le corsage, endroit contre endroit. Bâtissez la taille en faisant correspondre les repères de montage de la jupe et du corsage et les coutures de côté de la jupe et du corsage. Piquez. Procédez de la même façon avec les pièces de la doublure.
Bâtissez le col à l'encolure du manteau, endroit contre endroit, en faisant correspondre les repères de montage.
Assemblez le manteau et la doublure, endroit contre endroit. Bâtissez les devants de la doublure sur les devants du manteau (corsage et jupe) sur toute la hauteur de chaque devant, en faisant correspondre les coutures de la taille de la doublure et du manteau. Piquez chaque côté.
Repliez la partie parementure des devants sur l'envers le long de la ligne de pliure des devants.

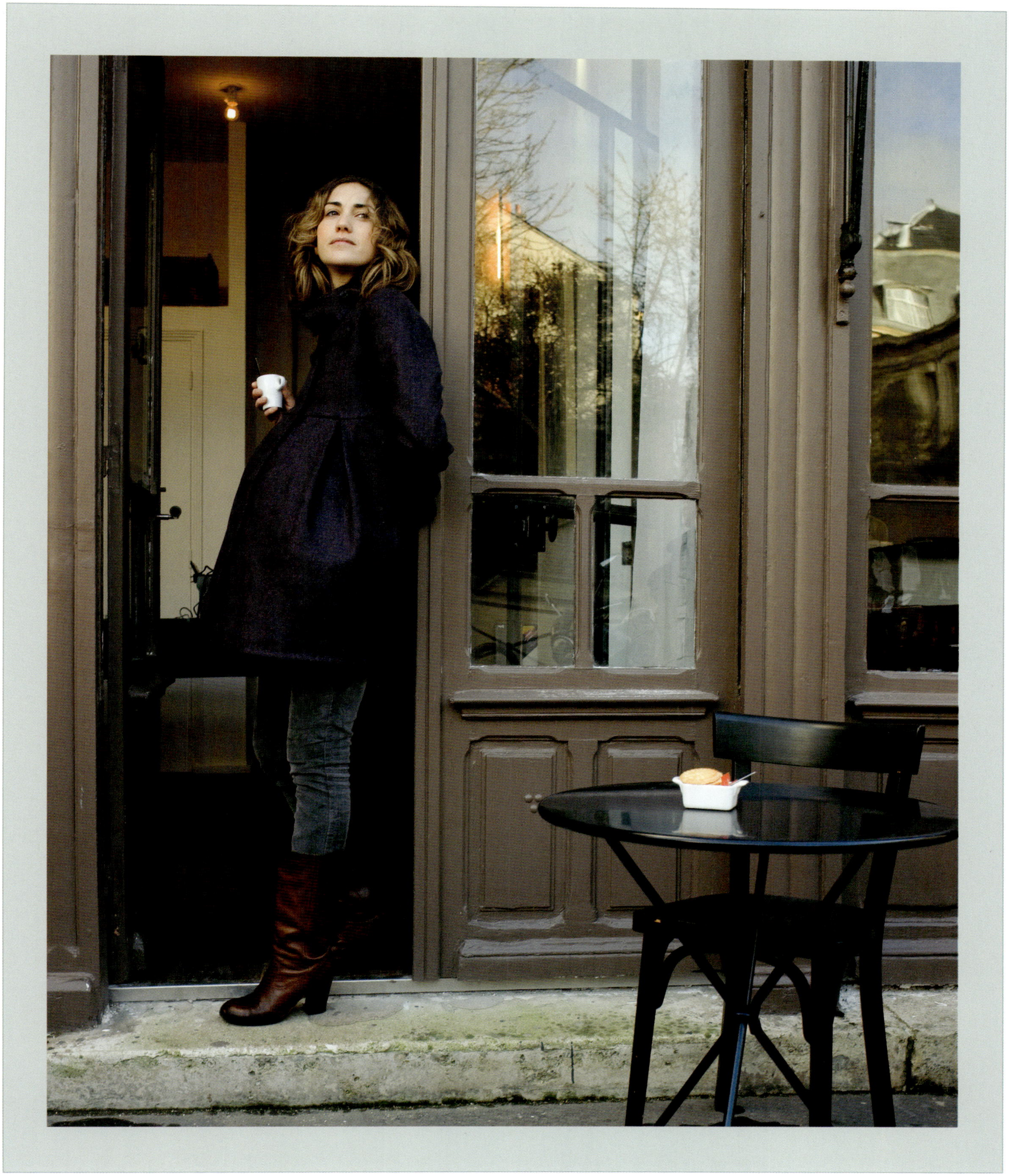

Bâtissez la doublure et le manteau, endroit contre endroit, le long de l'encolure, en faisant correspondre les points A, les coutures d'épaule, les milieux dos C du vêtement et de la doublure. Piquez l'encolure, le col sera piqué entre le manteau et la doublure. Recoupez les rentrés de couture à 5 mm de la piqûre et crantez les rentrés de couture. Bâtissez le bas de la parementure à 3 cm du bas du vêtement, perpendiculairement au milieu devant. Piquez puis crantez.

Retournez la doublure à l'intérieur du manteau.

Faites un ourlet de 3 cm au bas du manteau et au bas des manches. Fixez à points invisibles.

Faites un ourlet rentré de 4 cm au bas de la doublure.

Faites un rentré de 0,5 cm au bas de la doublure des manches.

Fixez la doublure sur les ourlets du bas du manteau et des manches, en retrait à 1,5 cm du bord.

Brodez les boutonnières aux emplacements indiqués sur le devant droit et sur le col. Cousez les boutons en vis-à-vis sur le devant gauche.

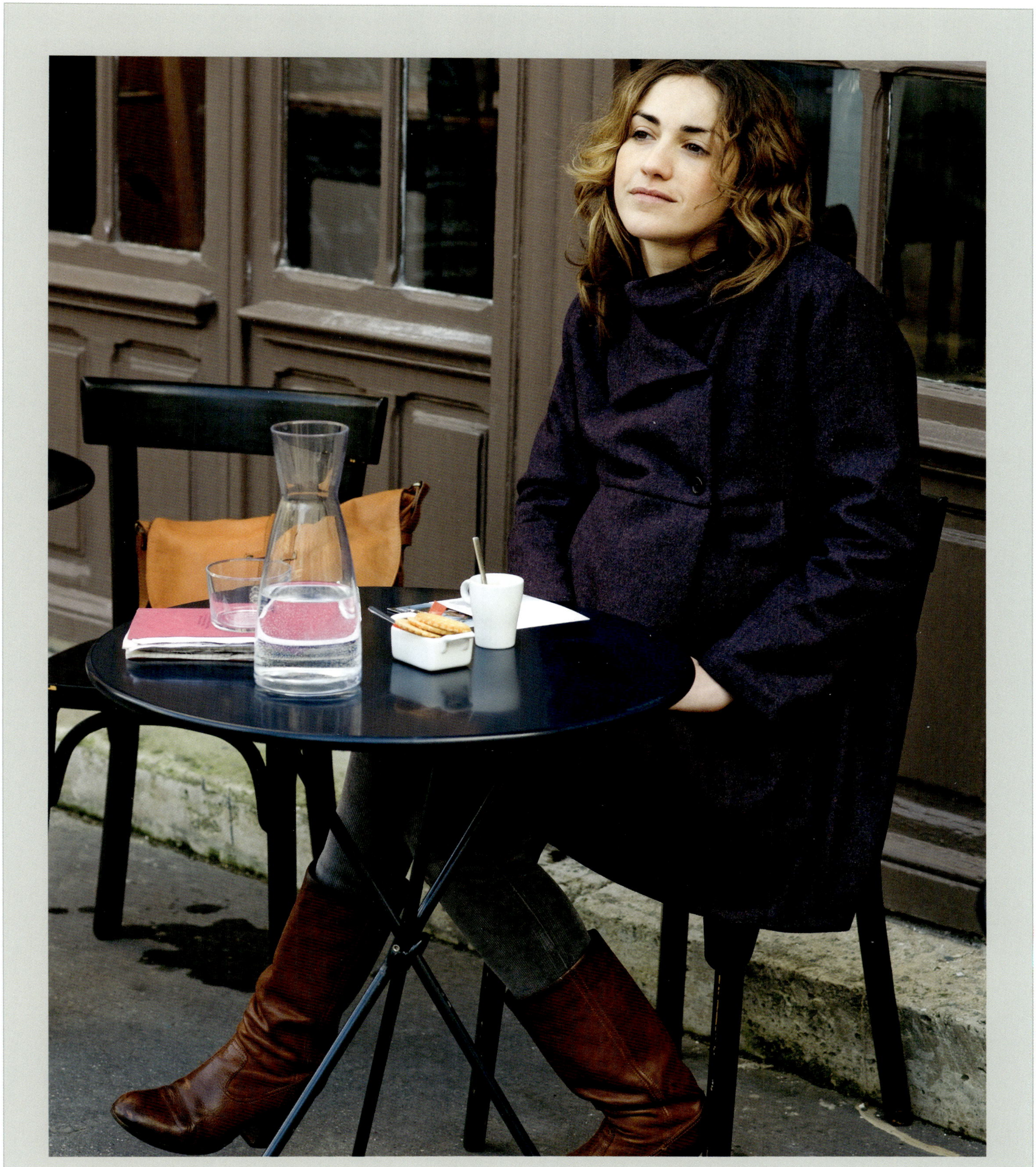

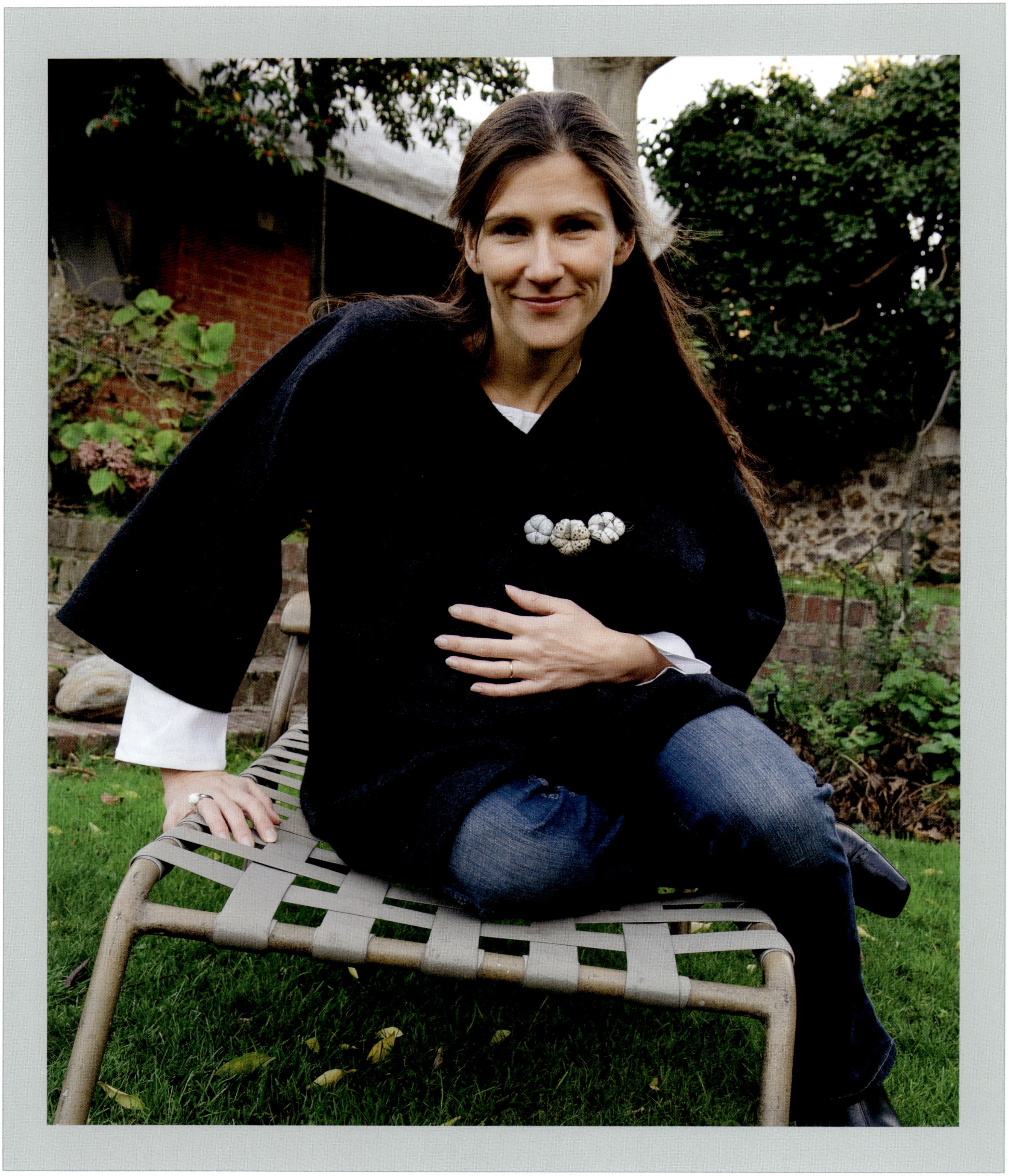

La veste kimono

36/38, 40/42, 44/46 (patron planche 4 en vert)

FOURNITURES

1 m 60 (1 m 60, 1 m 90) de laine bouillie en 150 cm de large

COUPE

Devant : coupez 2 fois
Dos : coupez 1 fois en double sur la pliure

Assemblez les devants et le dos, endroit contre endroit. Bâtissez les coutures d'épaule jusqu'au poignet de chaque côté puis piquez. Bâtissez les coutures de dessous de bras et de côté. Piquez en une seule couture continue en pivotant dans l'angle sous le bras. Surpiquez au point avant tout le tour de la veste : l'encolure, les devants et le bas. Surpiquez le bas des manches.
La laine bouillie étant un tricot, elle s'effiloche sur les bords. Il n'est donc pas nécessaire de les surfiler. La surpiqûre au point avant évitera que le tricot ne se détende sur les bordures.

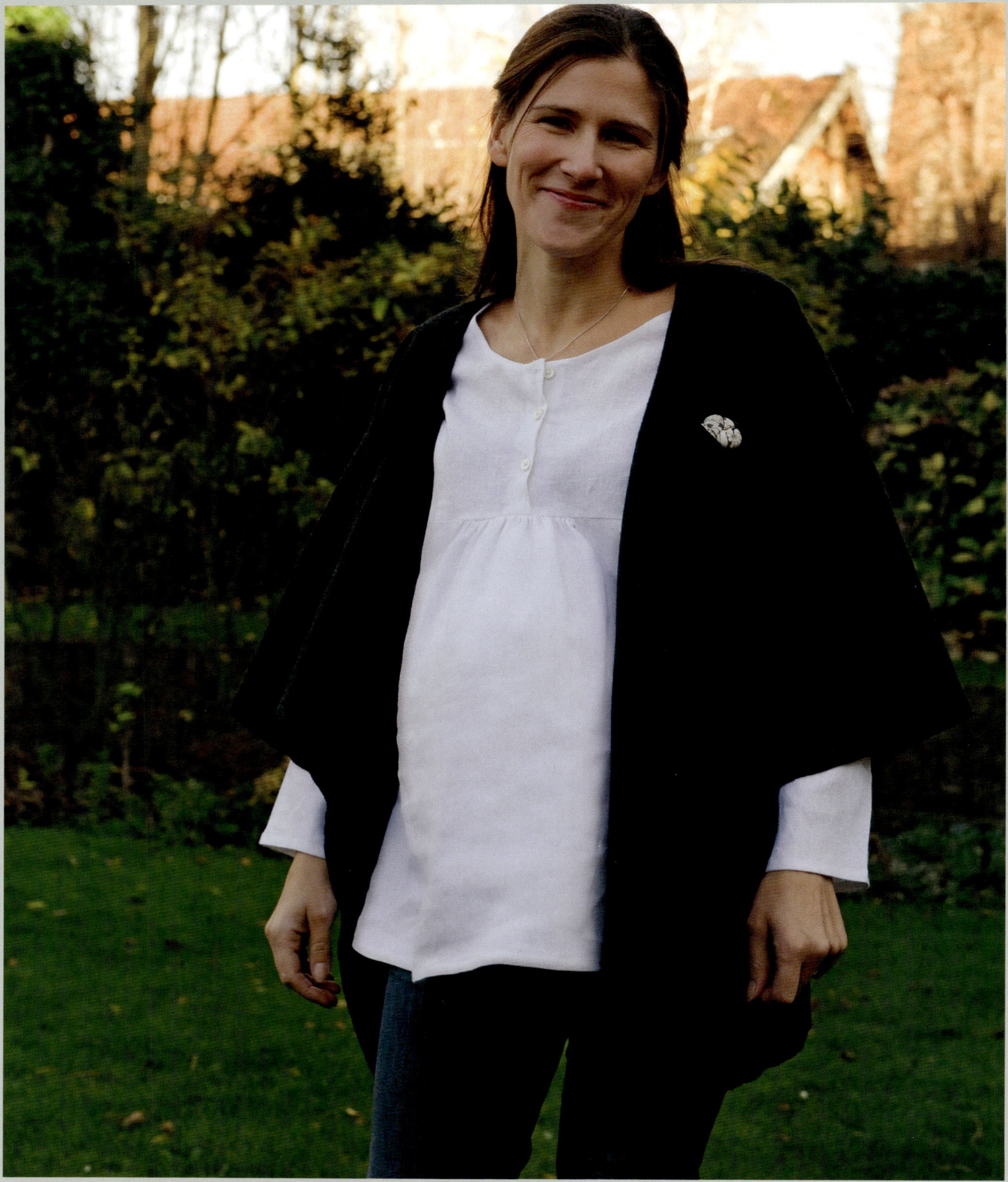

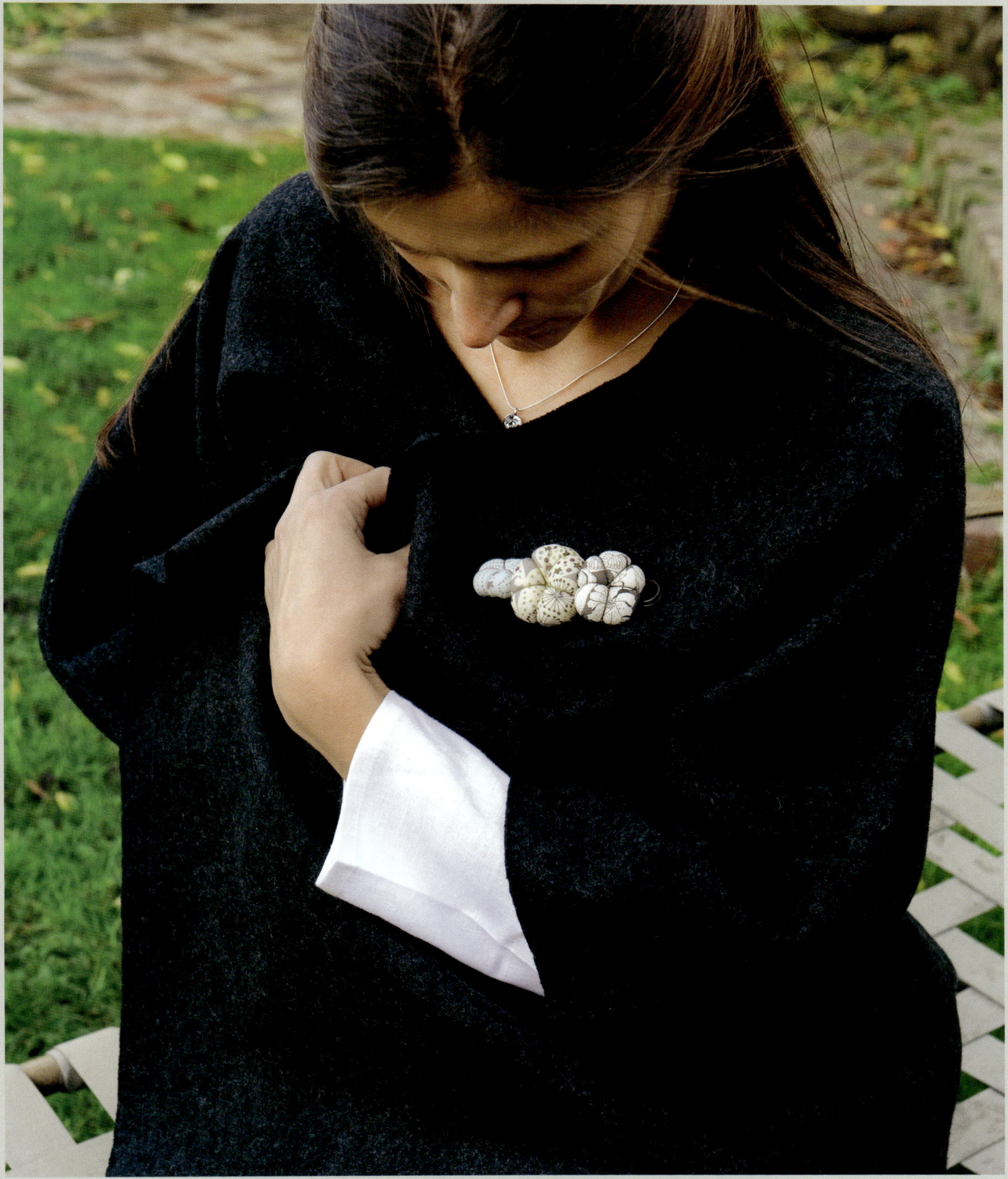

… Les vestes et …

Le gilet sans manches

36, 38, 40, 42, 44, 46 (patron planche 2 en orange)

FOURNITURES
60 cm de laine bouillie ou de lainage en 150 cm de large
60 cm de coton imprimé en 150 cm de large

COUPE
Devant : coupez 2 fois en laine bouillie et 2 fois en coton imprimé
Dos : coupez 1 fois en double sur la pliure en laine bouillie et 1 fois en double sur la pliure en coton imprimé

Assemblez les devants et le dos en laine bouillie, endroit contre endroit. Bâtissez les coutures d'épaule puis piquez. Procédez de la même façon avec les pièces en coton imprimé pour la doublure. Assemblez le gilet et la doublure, endroit contre endroit. Bâtissez les emmanchures, l'encolure et les devants. Piquez en pivotant dans les angles du devant. Crantez les rentrés de couture. Retournez le gilet sur l'endroit en passant les devants par les coutures d'épaule, entre les 2 épaisseurs. Bâtissez les coutures de côté du gilet et de la doublure en assemblant les devants et le dos, endroit contre endroit. Piquez en une seule couture continue.
Bâtissez le gilet et la doublure ensemble, endroit contre endroit, en bas du devant et du dos du gilet. Piquez en laissant une ouverture de 15 cm au bas du dos. Crantez les rentrés de couture et retournez le gilet sur l'endroit en passant par l'ouverture du dos. Fermez l'ouverture à points invisibles en repliant les rentrés de couture à l'intérieur, entre les 2 épaisseurs.

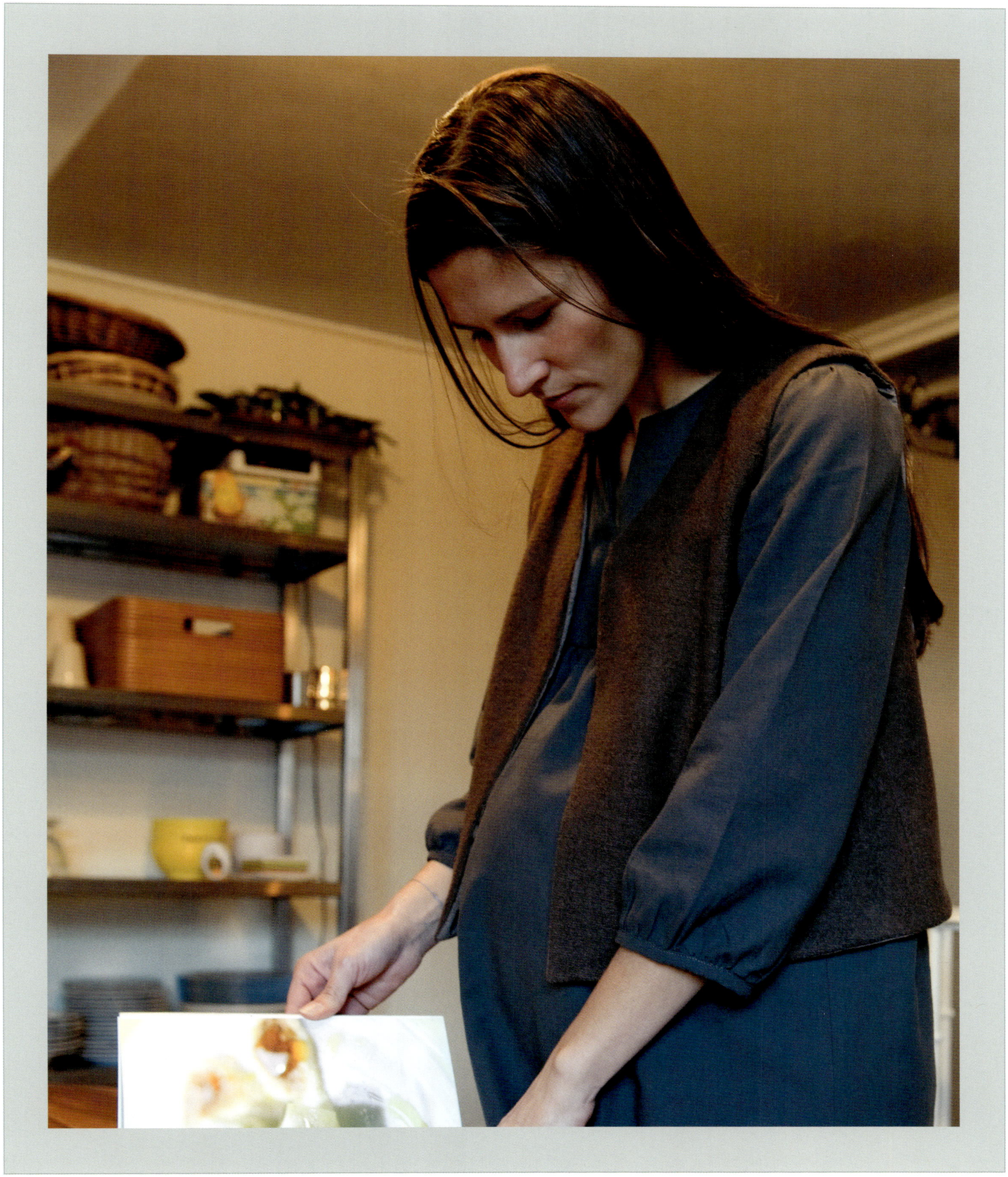

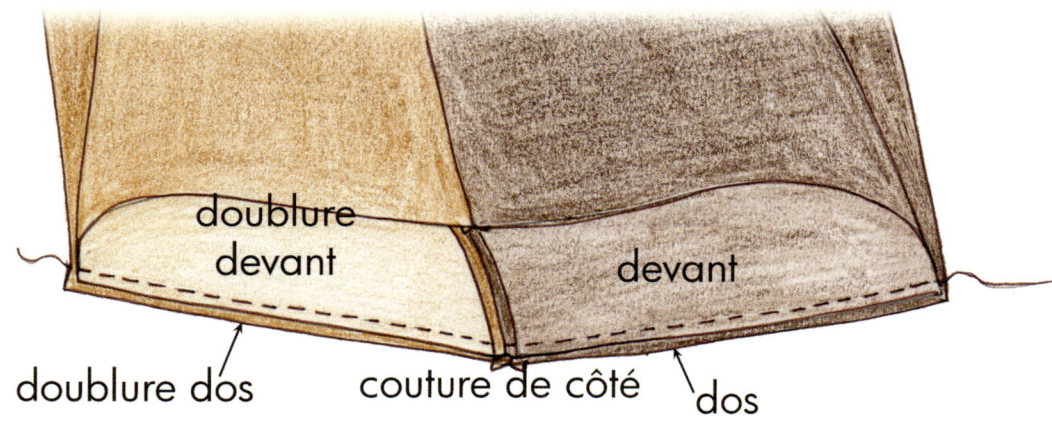

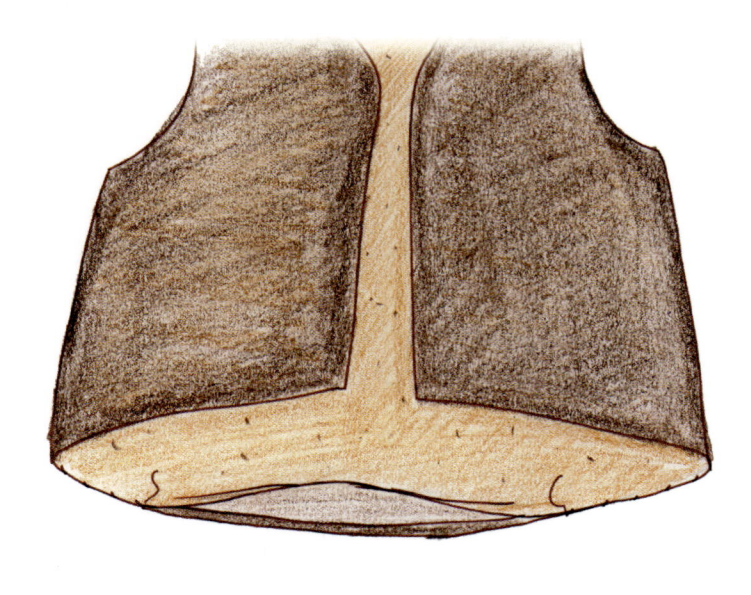

doublure devant
doublure dos   couture de côté   dos

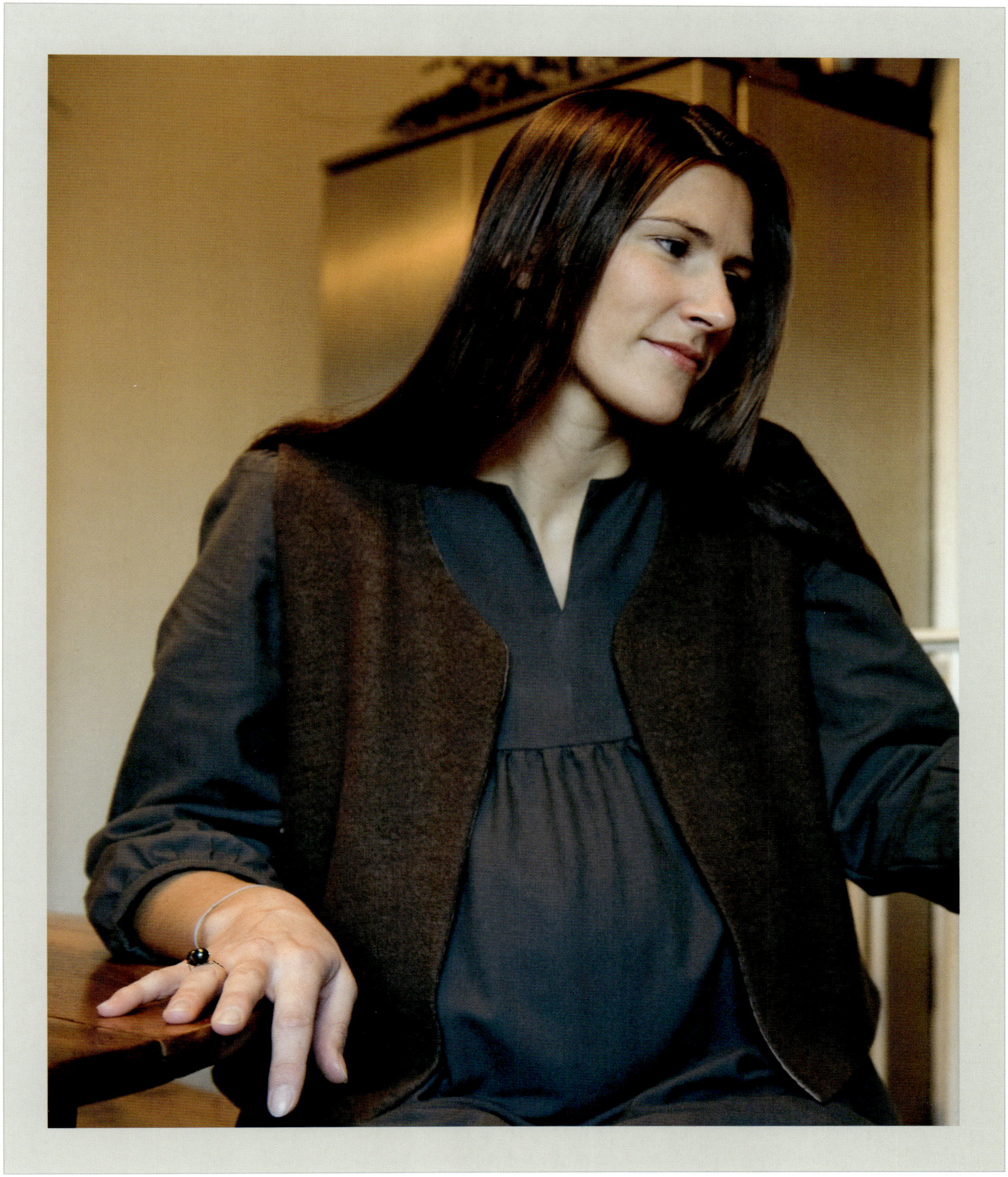

Pour la maison

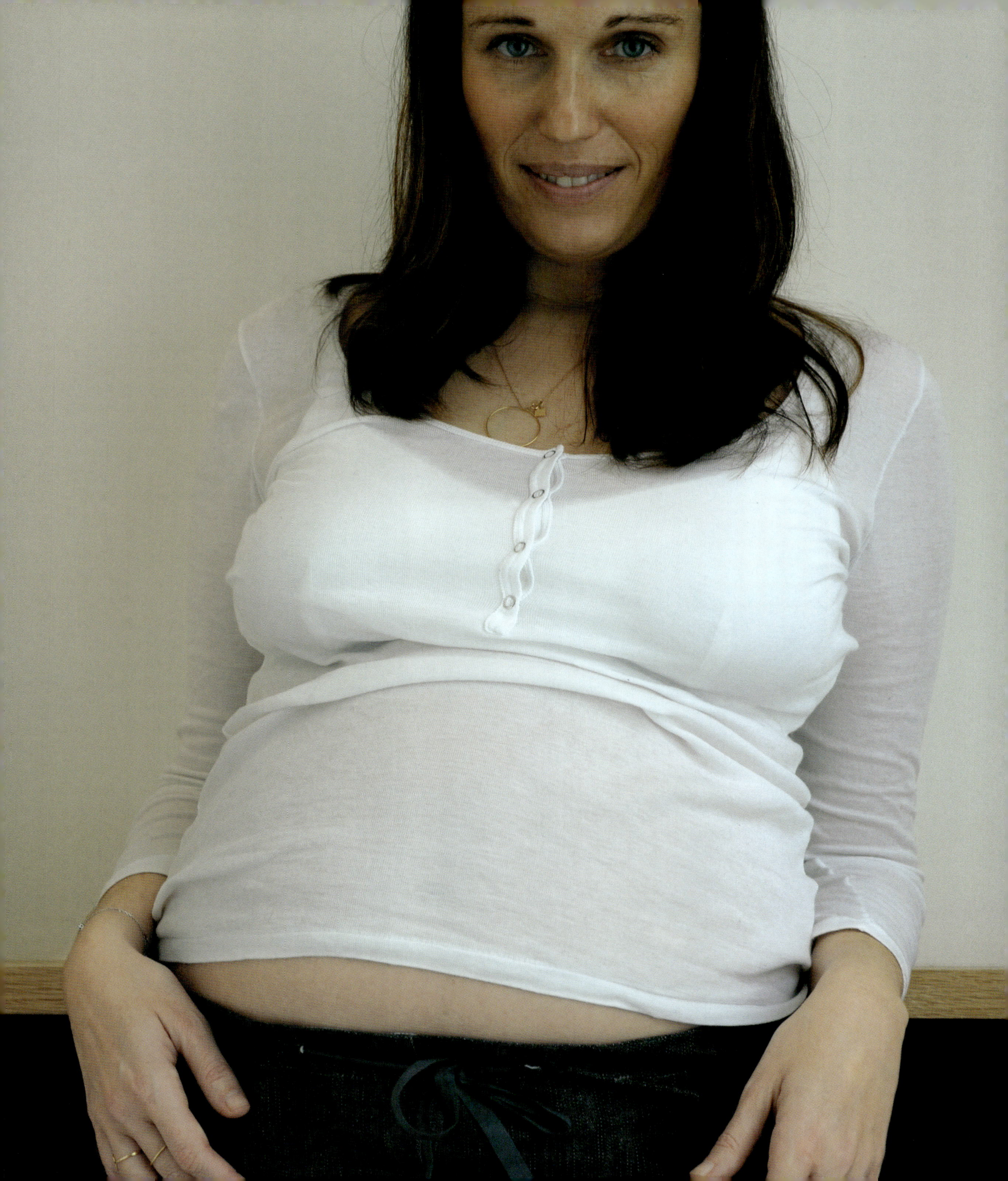

Le burnous

36, 38, 40, 42, 44, 46 (patron planche 1 en bleu)

FOURNITURES

1 m 80 (1 m 80, 1 m 80, 2 m, 2 m, 2 m) de lin naturel en 150 cm de large

1 m 80 (1 m 80, 1 m 80, 2 m, 2 m, 2 m) de popeline en 150 cm de large

1 gros bouton de nacre

1 bouton de 14 mm de diamètre

COUPE

Devant : coupez 2 fois en lin et 2 fois en popeline

Dos : coupez 1 fois en double sur la pliure en lin et 1 fois en double sur la pliure en popeline

Manches : coupez 2 fois

Poche : coupez 2 fois

Assemblez les devants et le dos en lin, endroit contre endroit, par les coutures d'épaule.
Bâtissez puis piquez.
Bâtissez les manches aux emmanchures, endroit contre endroit. Piquez.
Recoupez les rentrés de couture à 7 mm de la piqûre.
Bâtissez les coutures de côtés et les coutures de dessous de manche, endroit contre endroit.
Piquez en une seule couture continue.
Procédez de la même façon avec les pièces en popeline, pour la doublure.
Pliez le rentré des poches sur l'envers des poches. Faites un rentré de 3 mm au bord du rentré
et surpiquez. Posez les poches sur les devants, envers contre endroit, à l'emplacement indiqué.
Bâtissez le tour des poches en repliant les rentrés de couture sur l'envers des poches.
Surpiquez le tour des poches.
Assemblez le burnous et la doublure, endroit contre endroit en faisant correspondre le milieu dos
du burnous et de la doublure, les milieux devant du burnous et de la doublure. Bâtissez l'encolure
le long de chaque devant et au bas du vêtement, en laissant une ouverture de 20 cm au bas du milieu dos.
Piquez en pivotant dans les angles. Crantez les rentrés de couture et les angles.
Retournez le burnous sur l'endroit en passant par l'ouverture. Rabattez la doublure à l'intérieur
du vêtement.
Fermez l'ouverture du bas du milieu dos à points coulés, en repliant les rentrés de couture vers l'intérieur.
Au bas des manches, repliez les rentrés de couture vers l'intérieur et cousez les bas de manche
et la doublure ensemble, à points coulés.
Brodez une boutonnière sur chaque devant à la dimension du bouton correspondant : une grande
boutonnière sur le côté droit, une boutonnière plus petite pour le bouton intérieur sur le côté gauche.
Cousez le grand bouton de nacre sur l'endroit du devant gauche. Cousez le petit bouton, à l'intérieur
sur l'envers du côté droit.

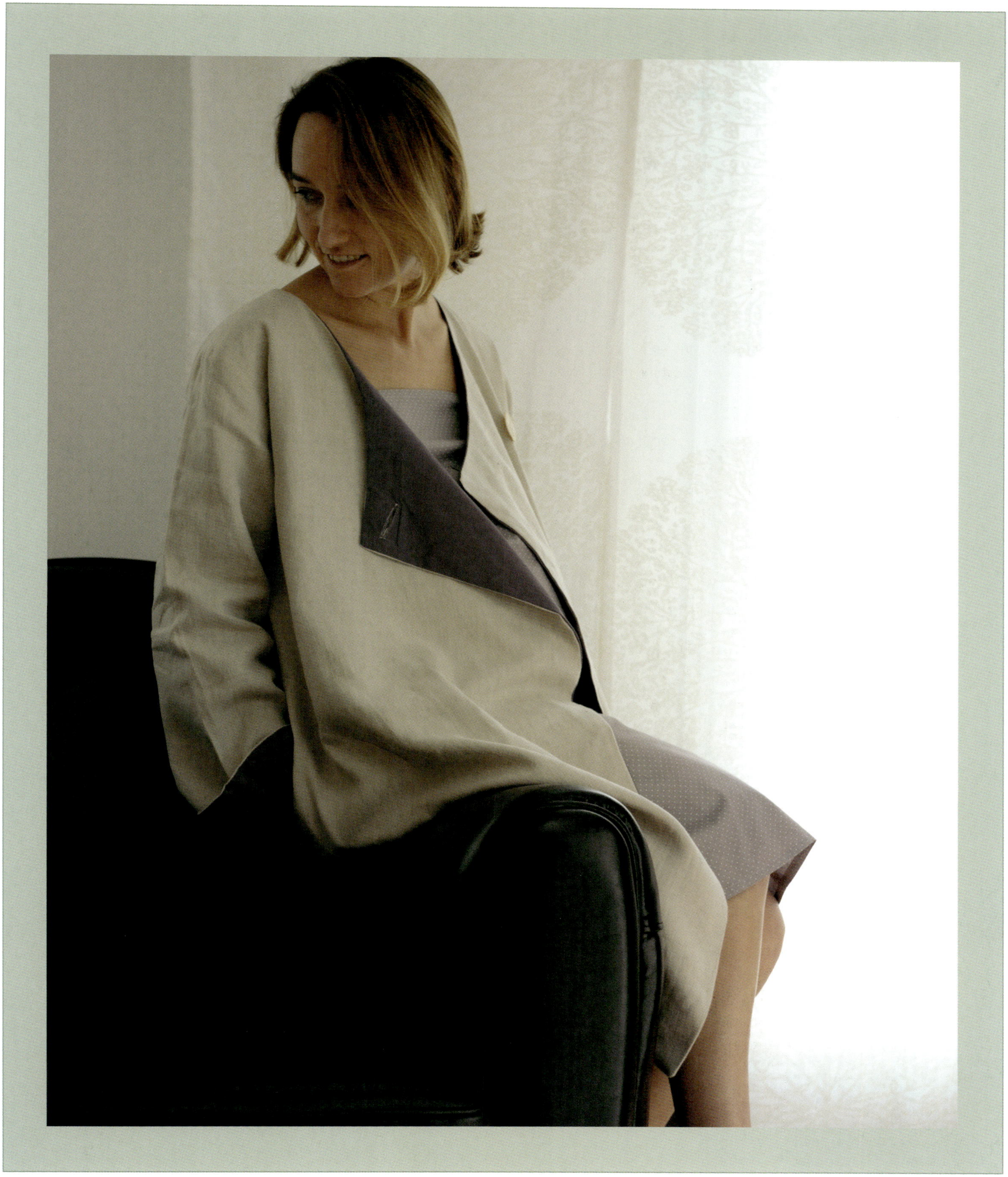

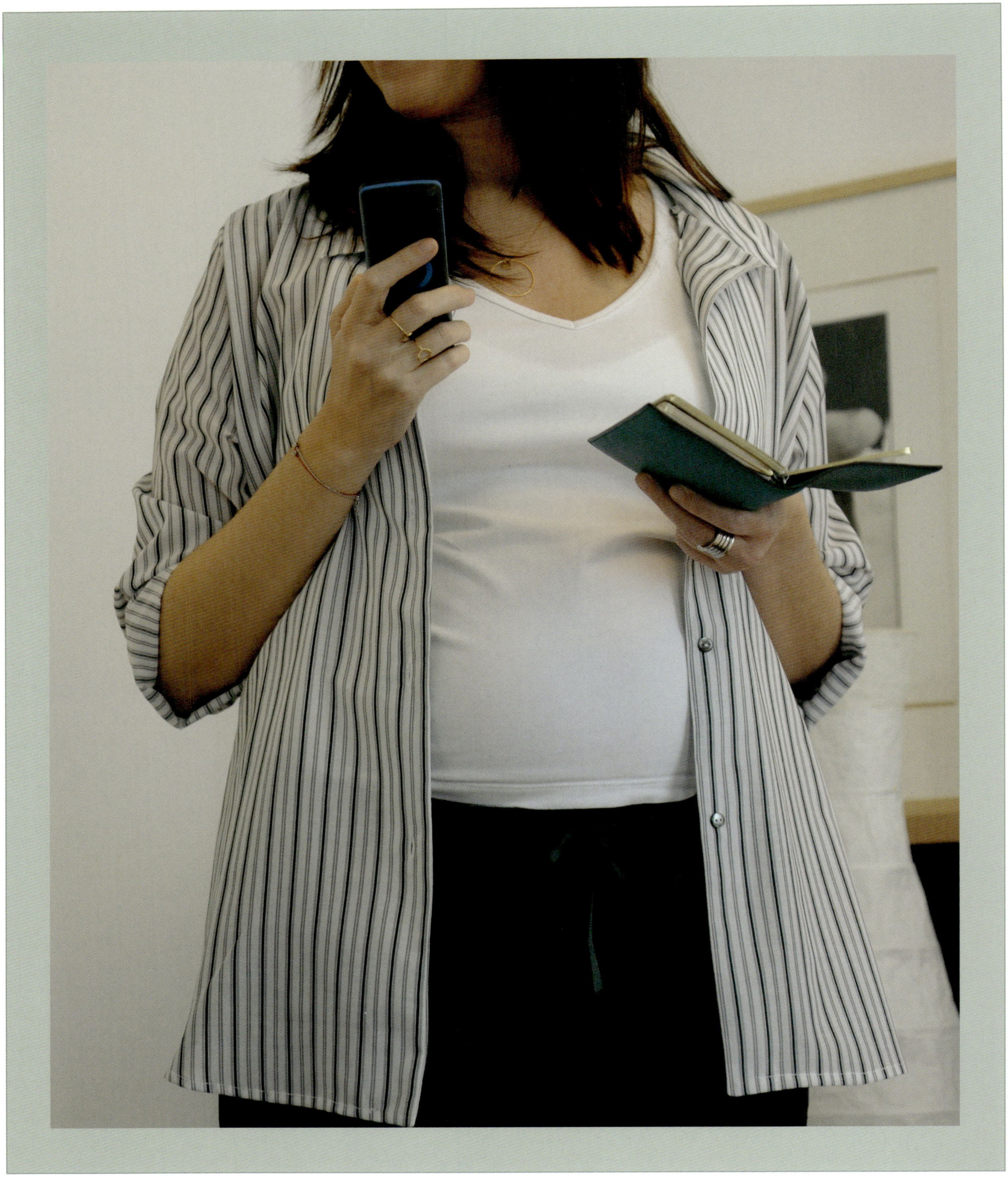

La chemise liquette

36, 38, 40, 42, 44, 46 (patron planche 2 en vert)

FOURNITURES
1 m 50 (1 m 50, 1 m 50, 1 m 60, 1 m 60, 1 m 60) de cotonnade en 150 cm de large
5 boutons de 12 mm de diamètre

COUPE
Devant : coupez 2 fois
Dos : coupez 1 fois en double sur la pliure
Manches : coupez 2 fois
Col : coupez 2 fois en double sur la pliure
Parementure devant : coupez 2 fois

Assemblez les devants et le dos, endroit contre endroit, par les coutures d'épaule. Bâtissez puis piquez.
Assemblez les 2 parties du col ensemble, endroit contre endroit. Bâtissez puis piquez, crantez
et retournez sur l'endroit. Surpiquez les bords du col à 1 mm du bord.
Bâtissez la partie de dessous du col à l'encolure, endroit contre endroit, en faisant correspondre
les repères A milieu devant et B milieu dos. Piquez.
Bâtissez les parementures sur les devants et sur les 2 épaisseurs du col, endroit contre endroit,
en faisant correspondre les repères A. Piquez le long des devants, à l'encolure et au bas des parementures,
en pivotant dans les angles.
Retournez les parementures sur l'envers de la chemisette. Crantez le dessus de col à l'endroit
où il rejoint les parementures. Repliez les rentrés de couture à l'intérieur du col et fixez le col à points
coulés le long de la piqûre de montage du col ou surpiquez.
Bâtissez les manches aux emmanchures en répartissant l'ampleur de la tête de manche, sans faire
de fronces. Piquez. Recoupez les rentrés de couture à 5 mm de la piqûre et surfilez les rentrés ensemble.
Bâtissez les coutures de côté et de dessous de manche, endroit contre endroit.
Piquez en une seule couture continue.
Faites un ourlet rentré de 1 cm au bas des manches et de 0,5 cm au bas de la chemise liquette. Surpiquez.
Brodez cinq boutonnières sur le devant droit. Cousez les boutons en vis-à-vis sur le devant gauche.

La nuisette années 30

36, 38, 40, 42, 44, 46 (patron planche 1 en violet)

FOURNITURES

1 m 50 (1 m 50, 1 m 50, 1 m 60, 1 m 60, 1 m 60) de popeline en 150 cm de large

25 cm de ruban de 5 mm de large

32 (34, 36, 38, 40, 42) cm d'élastique de 5 mm de large

COUPE

Devant : coupez 1 fois en double sur la pliure

Dos : coupez 1 fois en double sur la pliure

Panneau devant : coupez 1 fois

Bretelles : coupez 2 bandes de 3 cm x 44 (45, 45,5, 46, 46,5 47) cm

Formez la coulisse de l'élastique en haut du dos, en faisant un ourlet rentré de 7 mm (repliez 3 mm puis 7 mm). Bâtissez cette coulisse puis surpiquez. À l'aide d'une épingle à nourrice, glissez l'élastique dans la coulisse. Cousez solidement chaque extrémité de l'élastique, de chaque côté, pour le maintenir dans la coulisse.

Froncez le haut du panneau devant.

Assemblez les côtés du panneau devant avec le devant, endroit contre endroit.

Bâtissez chaque côté du panneau, en faisant correspondre les repères de montage. Piquez.

Bâtissez le haut du panneau devant avec le devant, endroit contre endroit, en faisant correspondre le repère de milieu devant du panneau et du devant et en répartissant les fronces de chaque côté de ce repère. Piquez en arrêtant précisément dans les angles du panneau devant.

Assemblez le devant et le dos, endroit contre endroit, par les coutures de côté.

Bâtissez en prenant les extrémités de l'élastique sur les côtés puis piquez.

Faites un ourlet rentré en haut du devant. Fixez à points invisibles sur l'envers et sur les extrémités de l'élastique sur les côtés.

Pliez les bretelles en deux, endroit contre endroit. Piquez sur toute la longueur, à 5 mm du bord.

Retournez les bretelles sur l'endroit et cousez-les aux emplacements indiqués sur le devant et le dos.

Faites un ourlet de 3 cm au bas de la nuisette. Fixez à points invisibles. Cousez le ruban au milieu devant et nouez-le.

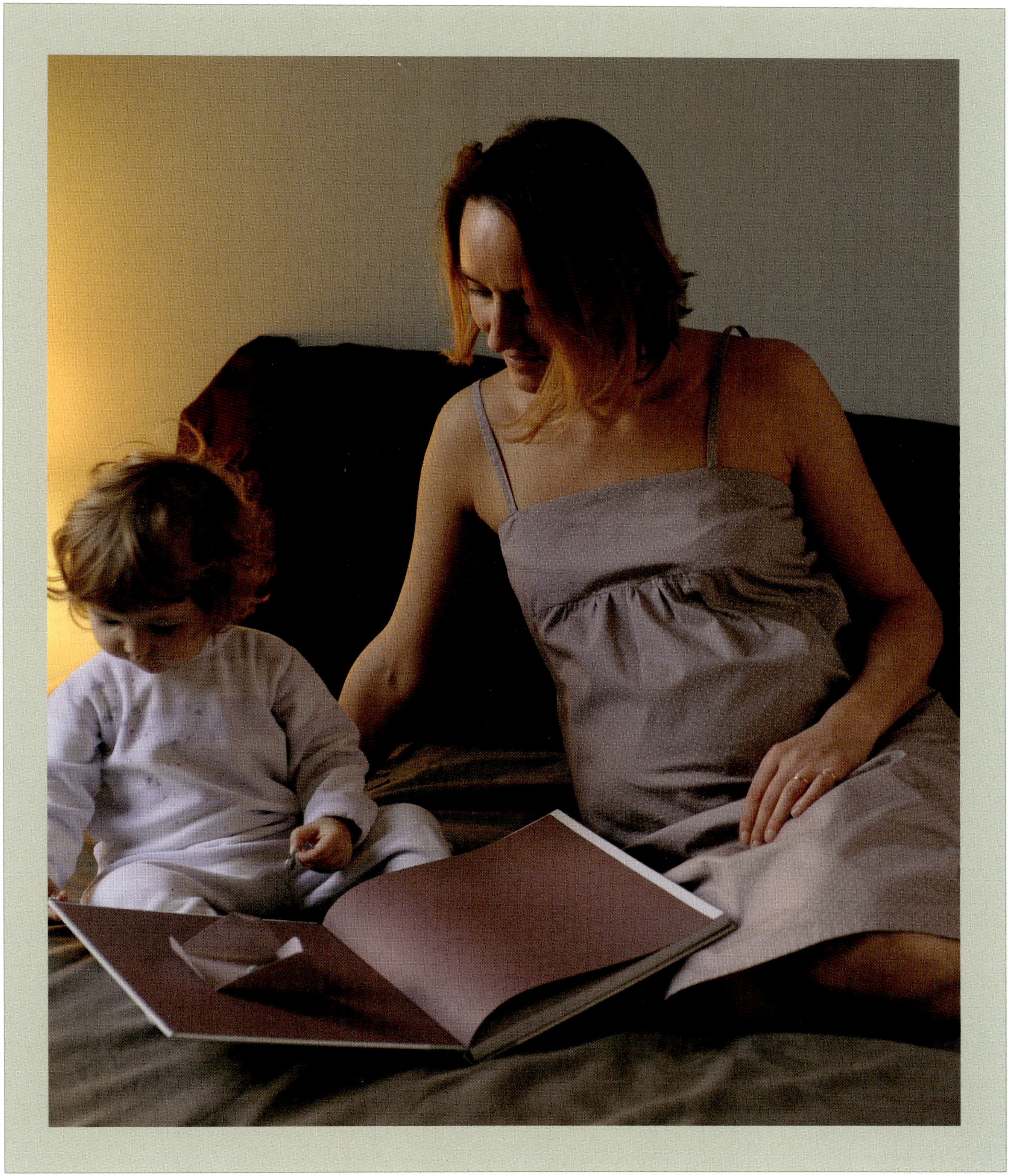

La chemise de nuit à manches longues

36, 38, 40, 42, 44, 46 (patron planche 1 en vert)

FOURNITURES

2 m (2 m, 2 m 10, 2 m 10, 2 m 20, 2 m 20) de cotonnade en 140 cm de large

3 petits boutons

COUPE

Devant : coupez 1 fois en double sur la pliure

Dos : coupez 1 fois en double sur la pliure

Manches : coupez 2 fois

Volants devant et dos : coupez 2 rectangles de 22 cm x 130 (130, 135, 135, 140, 140) cm

Bande d'encolure : coupez 1 bande de 3,5 cm x 70 (71, 72, 73, 74, 76) cm

Patte de boutonnage : coupez 2 bandes de 5 cm x 25 (26, 27, 28, 29, 30) cm

Assemblez le devant et le dos, endroit contre endroit, par les coutures de côté. Bâtissez puis piquez.
Pliez les manches en 2, endroit contre endroit. Bâtissez les coutures de dessous de manche. Piquez.
Bâtissez les manches aux emmanchures, endroit contre endroit, en faisant correspondre les coutures de côté et les coutures de dessous de manche. Piquez les emmanchures.
Fendez le milieu devant jusqu'à 1 cm du repère.
Froncez l'encolure. Bâtissez la bande d'encolure à l'encolure, endroit contre endroit, en répartissant les fronces. Piquez.
Repliez la bande d'encolure sur l'envers et bâtissez en faisant un rentré de 3 mm, sur les rentrés de couture, le long de la couture. Fixez à points invisibles ou surpiquez.
Posez les pattes de boutonnage sur le devant, endroit contre endroit, de chaque côté de la fente devant.
Montez ensuite la patte polo en suivant les explications de la page 22.
La patte finie doit mesurer 1,5 cm de large.
Assemblez les volants, endroit contre endroit. Bâtissez les côtés. Piquez. Froncez le haut du volant.
Assemblez le volant et la chemise de nuit, endroit contre endroit, en faisant correspondre les coutures de côté, les milieux devant, dos du volant et de la chemise de nuit. Bâtissez en répartissant les fronces entre ces repères. Piquez.
Faites un ourlet rentré de 1 cm au bas du volant et au bas des manches.
Fixez à points coulés ou surpiquez.
Brodez 3 boutonnières sur la patte de boutonnage du côté droit, en plaçant la première à 1 cm sous le haut de la patte. Cousez les boutons sur la patte de gauche, en vis-à-vis des boutonnières.

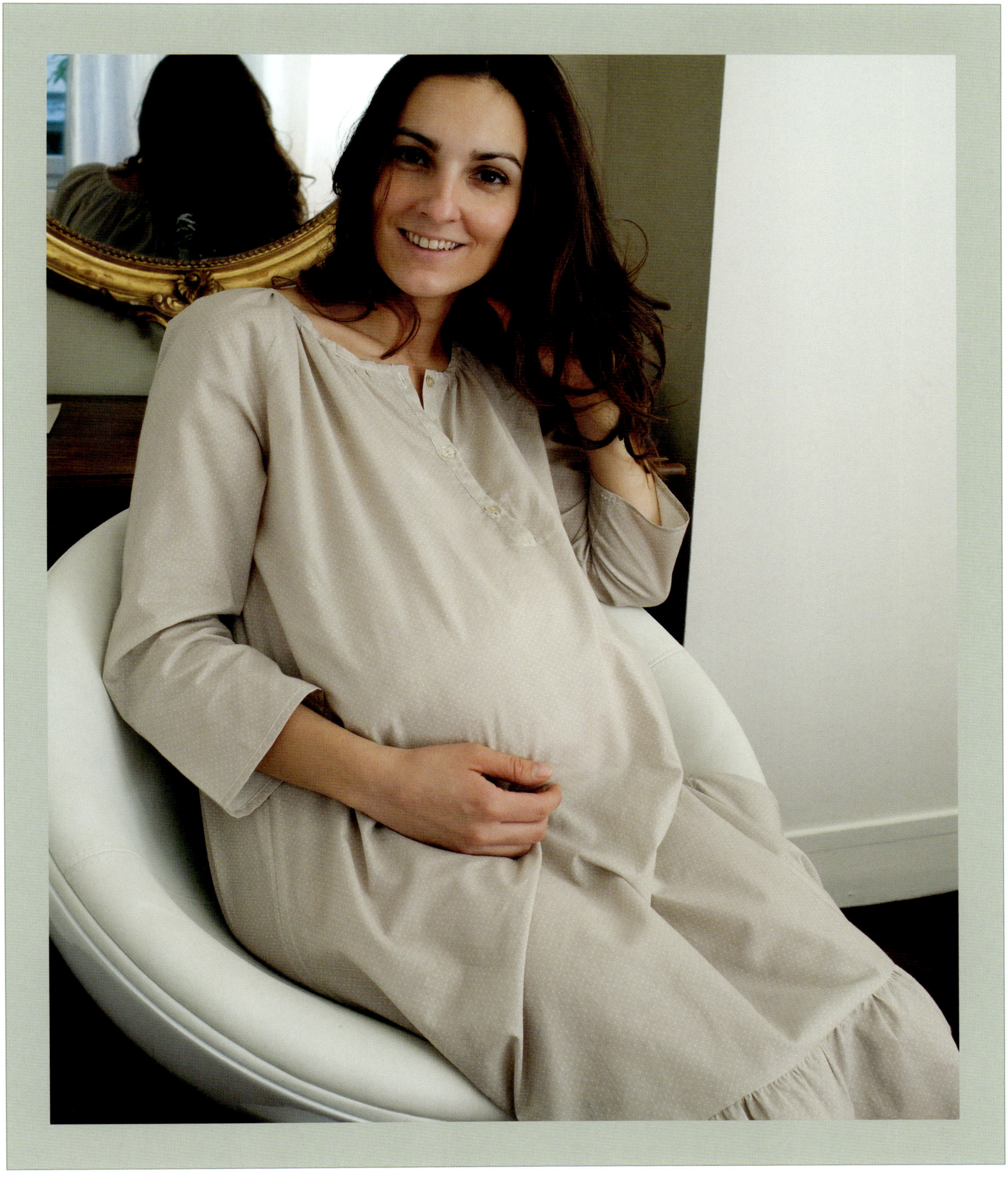

Les accessoires

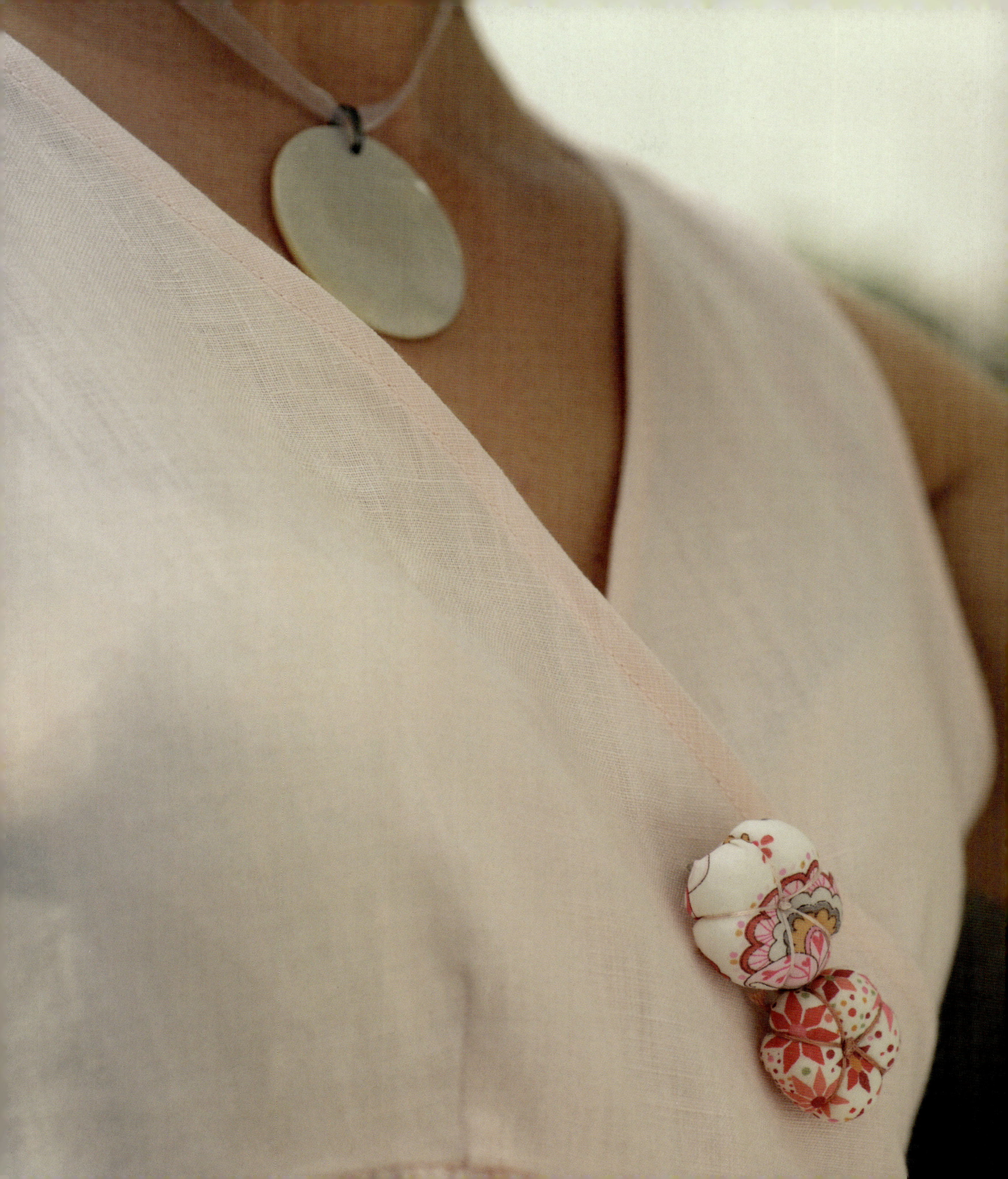

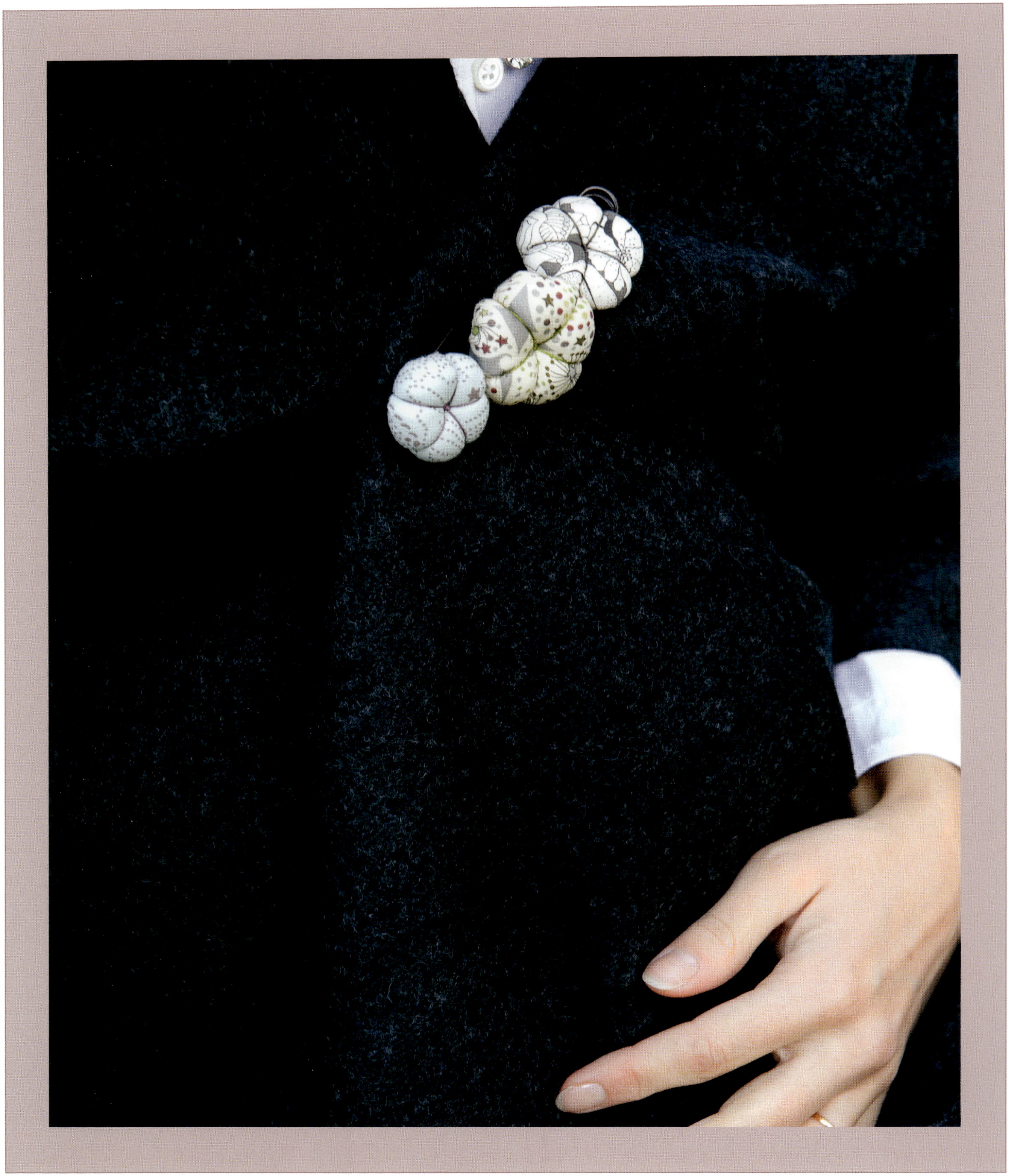

Les broches en fleurs de cerisier

(patron page 132)

FOURNITURES
Chutes de tissus Liberty et d'imprimés
Cotons à broder assortis
Rembourrage type kapok
Une épingle de kilt

Découpez des disques dans les tissus choisis, à l'aide des gabarits ci-dessous. Avec le coton à broder, cousez au point avant tout autour du disque en faisant un nœud solide au point de départ de la couture. Tirez légèrement sur le fil pour froncer. Rembourrez l'intérieur puis fermez et arrêtez solidement sans couper le fil. Piquez ensuite l'aiguille à l'arrière de la fleur et ressortez l'aiguille au centre. Piquez ainsi de manière à former cinq pétales. Cousez les fleurs sur l'épingle à kilt.

Vous pouvez aussi confectionner des petites fleurs pour former des boutons tout ronds et tout doux.

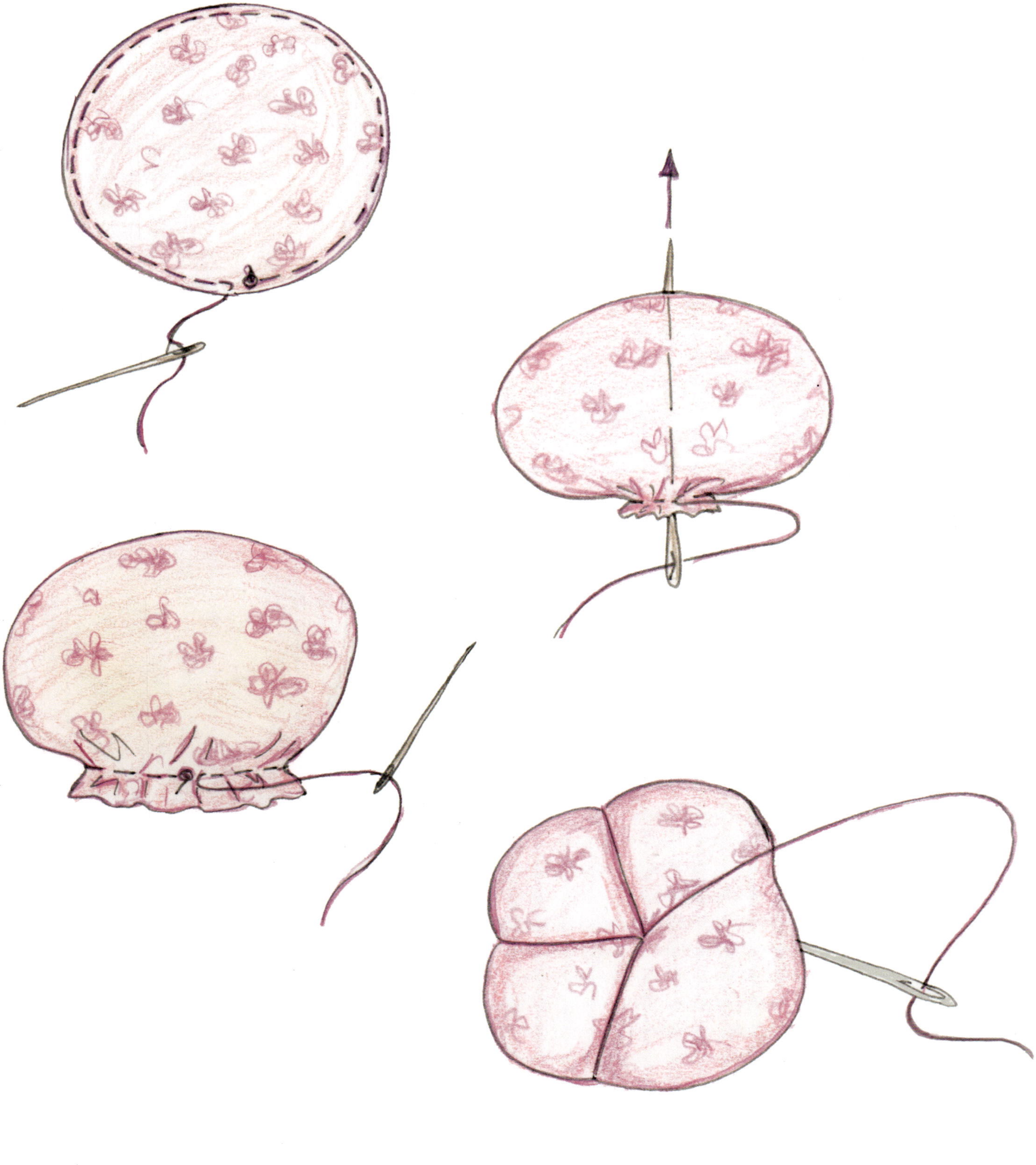

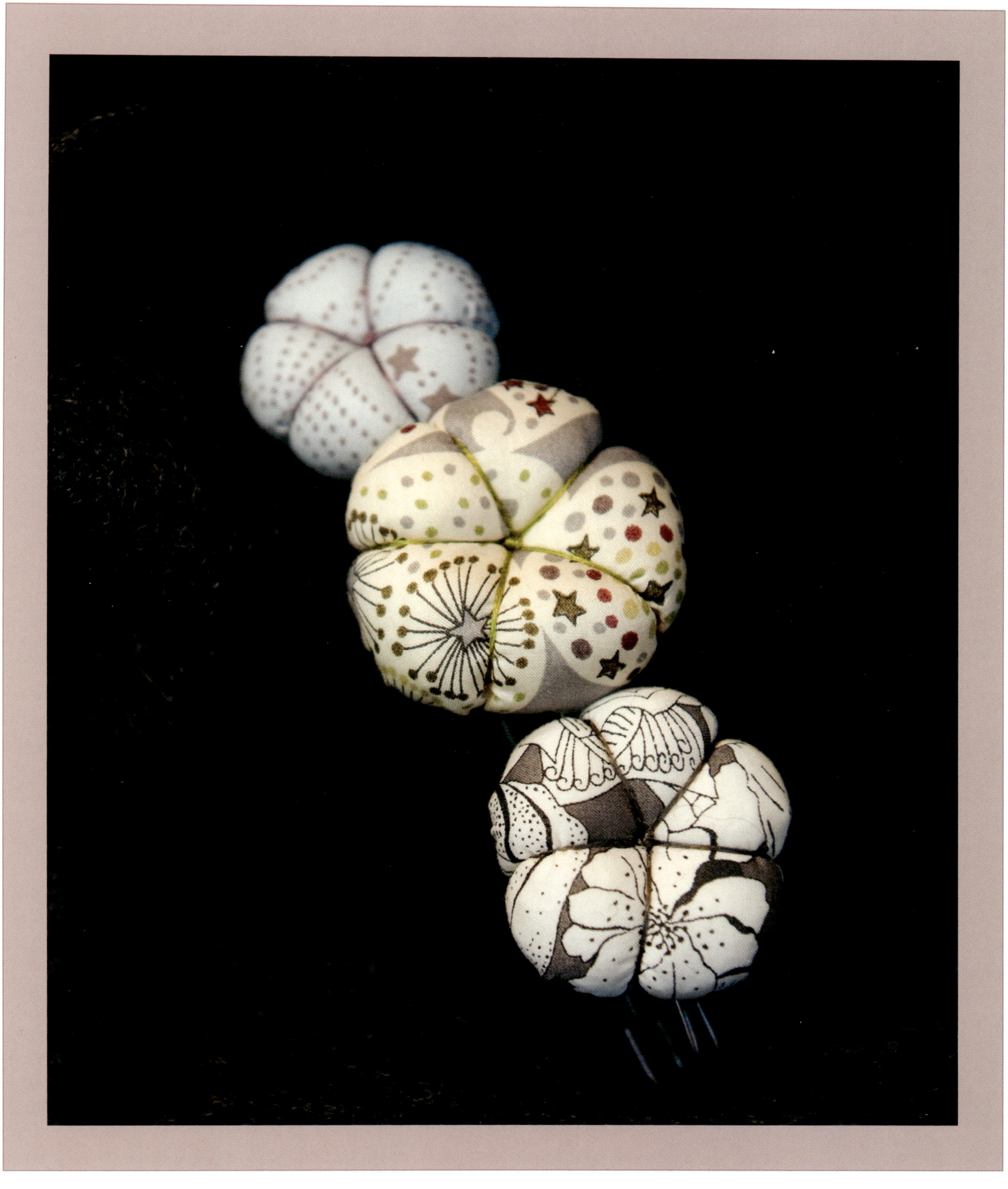

La ceinture obi

Taille unique (patron planche 1 en marron)

FOURNITURES
25 cm de lin en 140 cm de large
25 cm de coton imprimé en 140 cm de large
1 m 60 de ruban de 1 cm de large

COUPE
Ceinture : coupez 1 fois en double sur la pliure en lin et 1 fois en double sur la pliure en coton imprimé

Coupez deux morceaux de ruban de 80 cm. Bâtissez un morceau de ruban à chaque extrémité de la ceinture en lin, à l'emplacement indiqué. Assemblez la ceinture en lin et la ceinture en coton imprimé, endroit contre endroit. Bâtissez tout autour de la ceinture en laissant une ouverture de 15 cm sur l'un des côtés, pour retourner. Les rubans se trouvent alors entre les deux épaisseurs de tissus. Piquez en pivotant dans les angles. Crantez les angles et les rentrés de couture. Retournez la ceinture sur l'endroit. Fermez l'ouverture à points invisibles en rentrant les rentrés de couture à l'intérieur.

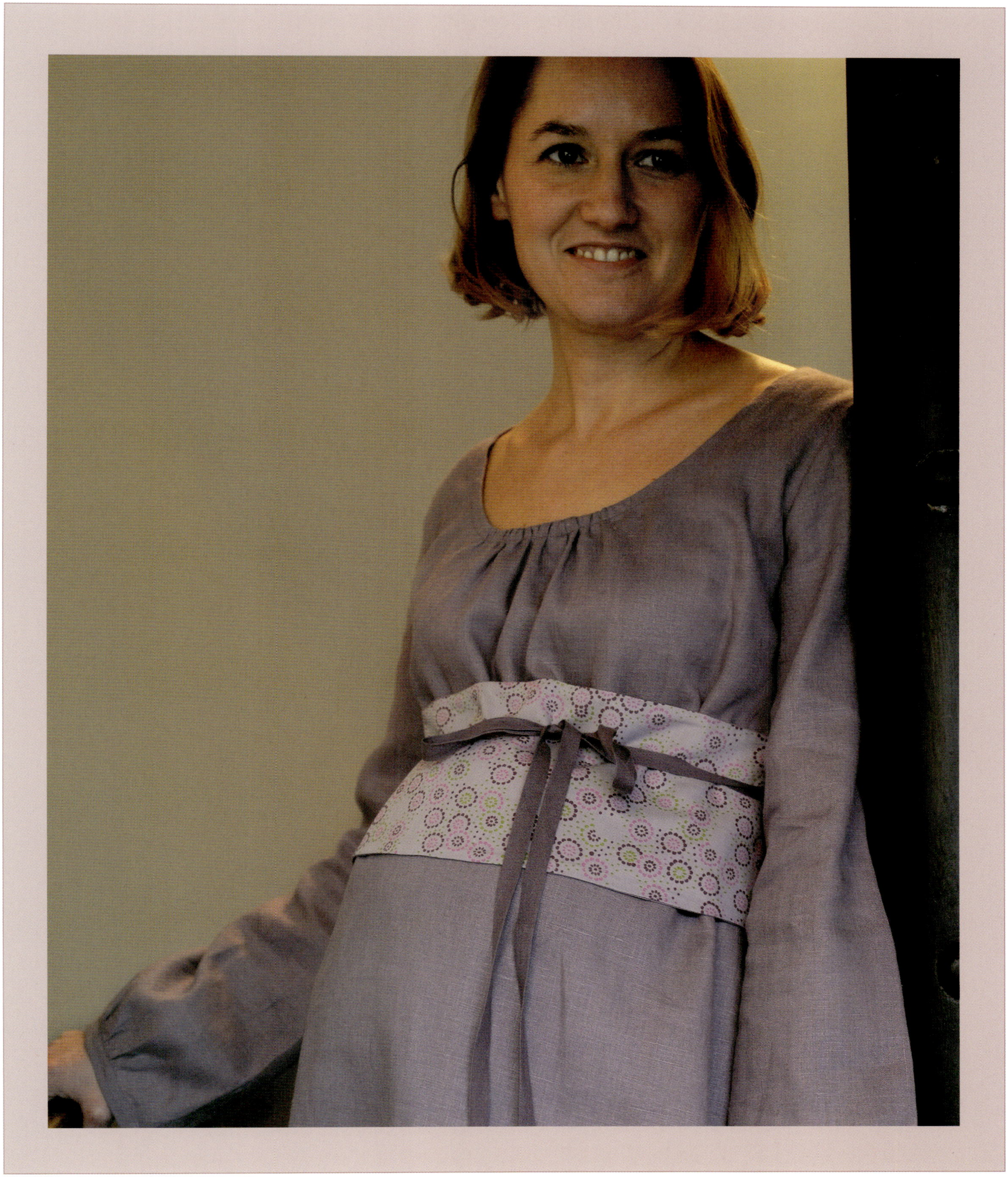

La ceinture Empire drapée

36/38, 40/42, 44/46

Cette ceinture est un accessoire tout simple qui vous permettra de féminiser vos tenues.
Elle peut être portée sur des robes aux formes simples, des tuniques ou encore sur des cardigans auxquels elle apportera une touche plus habillée en soulignant votre décolleté ou encore drapée autour des hanches. Vous pourrez aussi varier la forme des pans à nouer.

FOURNITURES
40 cm de coton imprimé en 140 cm de large

COUPE
Ceinture : coupez 1 bande de 16 cm x 78 (84, 90) cm
Pan à nouer : coupez 2 bandes de 10 cm x 45 cm

Pliez les pans à nouer en deux, dans la longueur, endroit contre endroit. Piquez sur toute la longueur et l'une des extrémités, à 0,5 cm du bord. Retournez les pans sur l'endroit par l'extrémité restée ouverte.
Faites un ourlet rentré de 5 mm le long de chaque bord de la ceinture.
Fixez à points invisibles ou surpiquez.
Froncez les deux extrémités de la ceinture. Bâtissez un pan à nouer, à chaque extrémité de l'une des ceintures, en rentrant la ceinture froncée dans l'ouverture des pans à nouer.
Surpiquez toutes les épaisseurs.

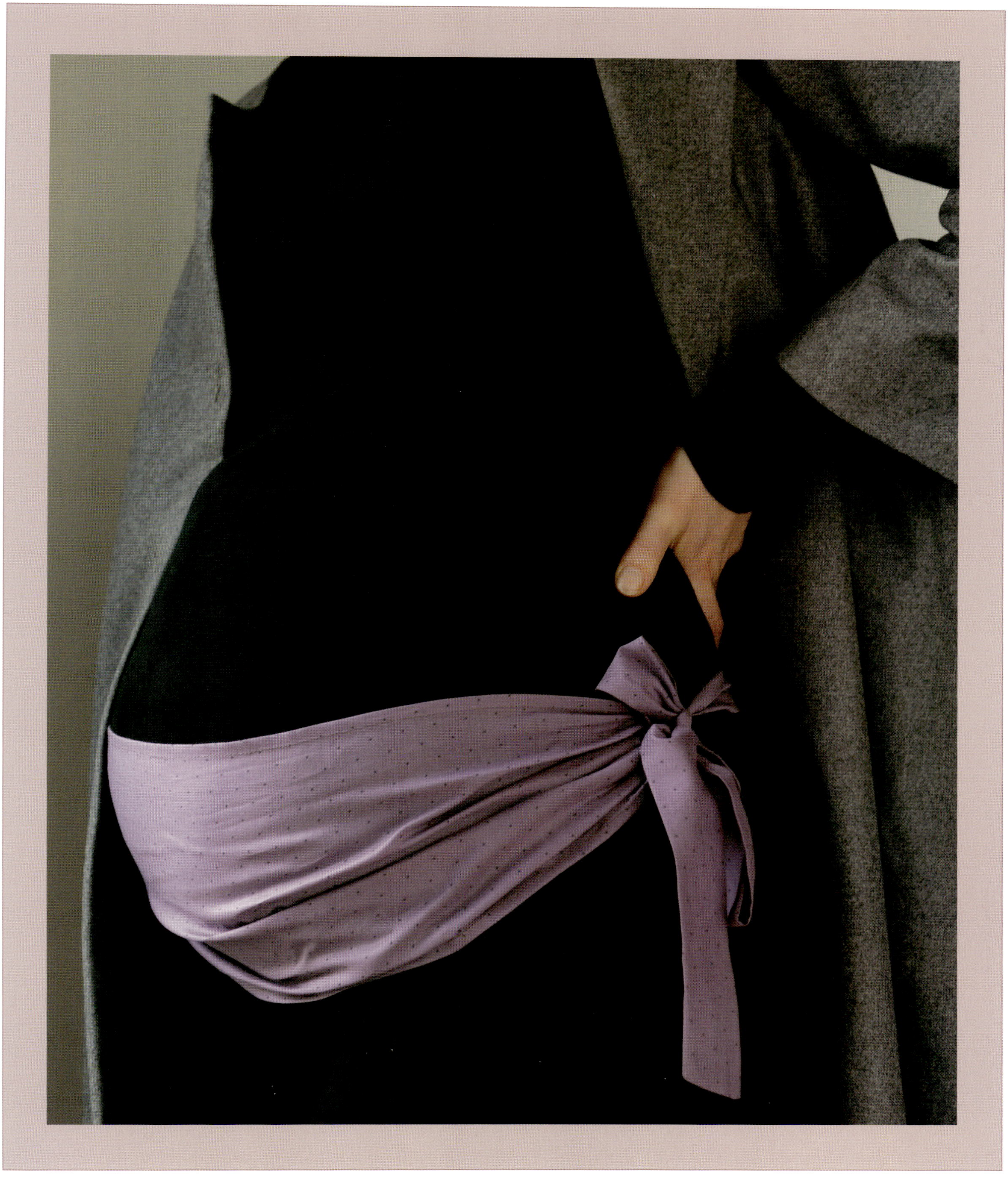

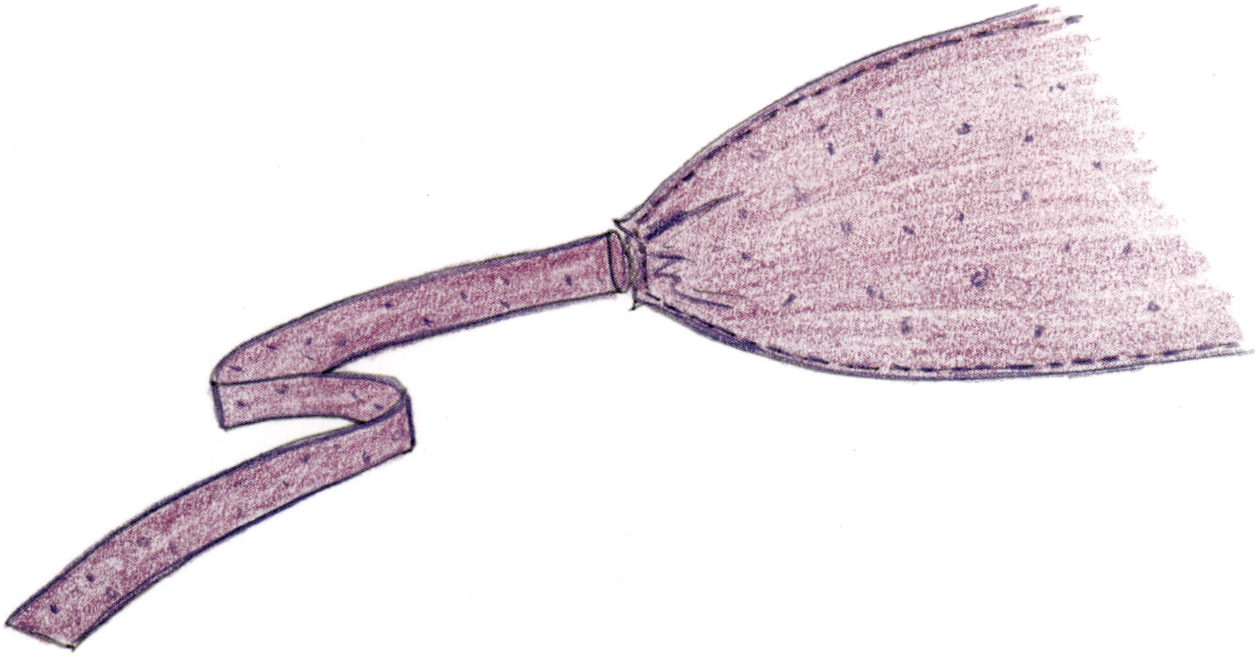
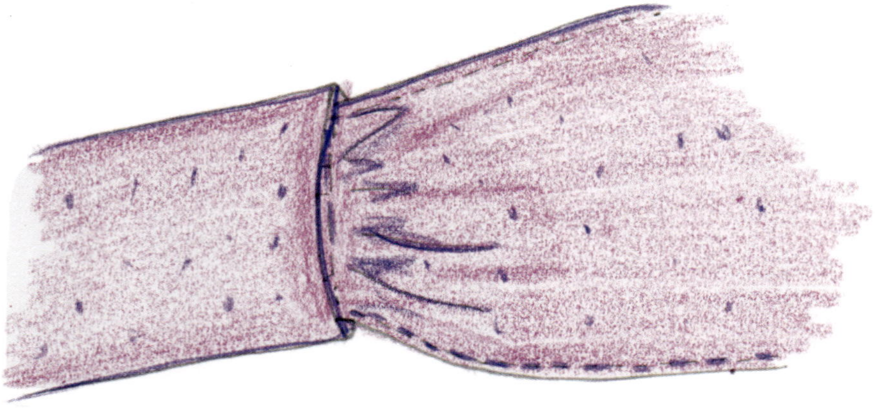

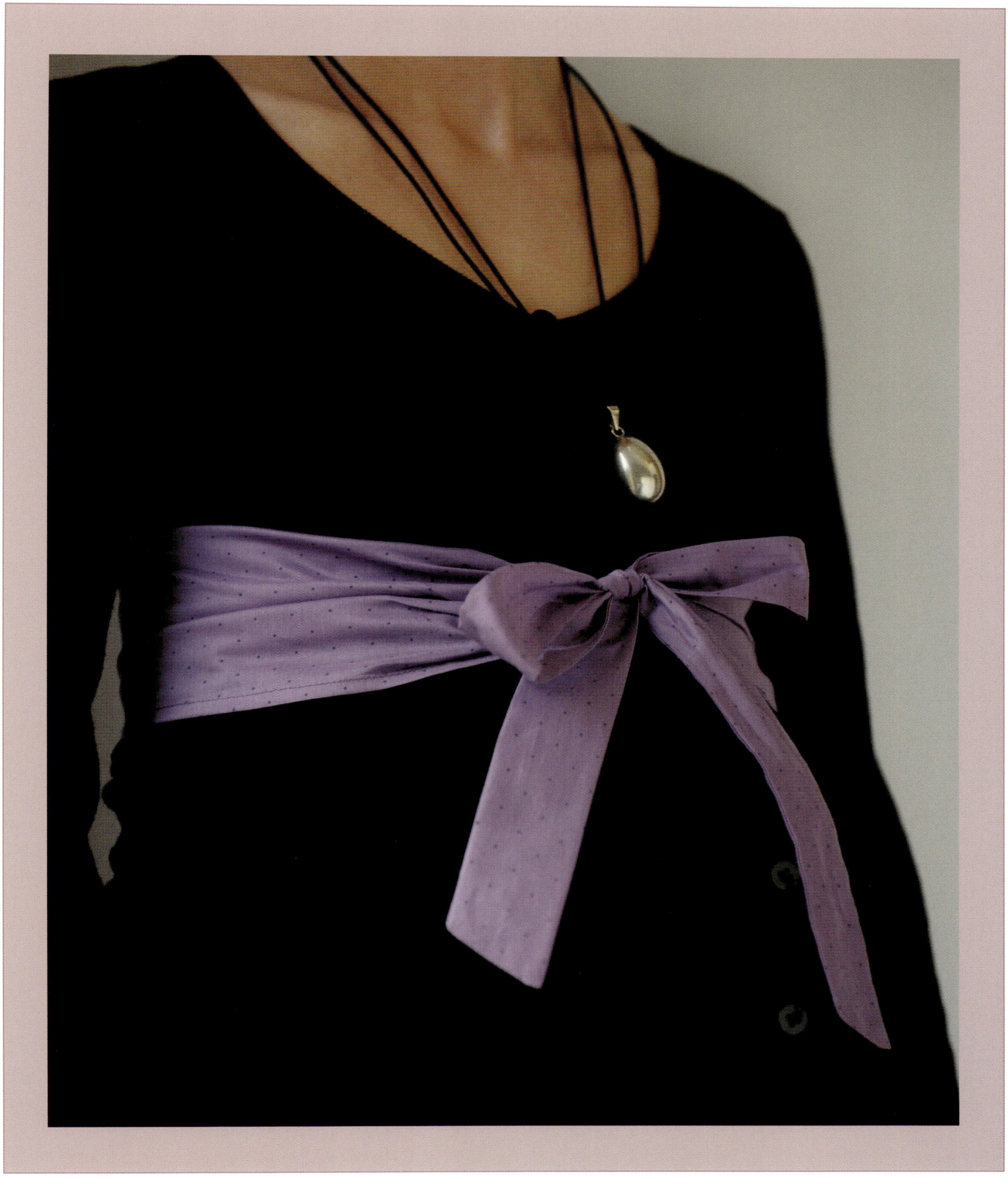

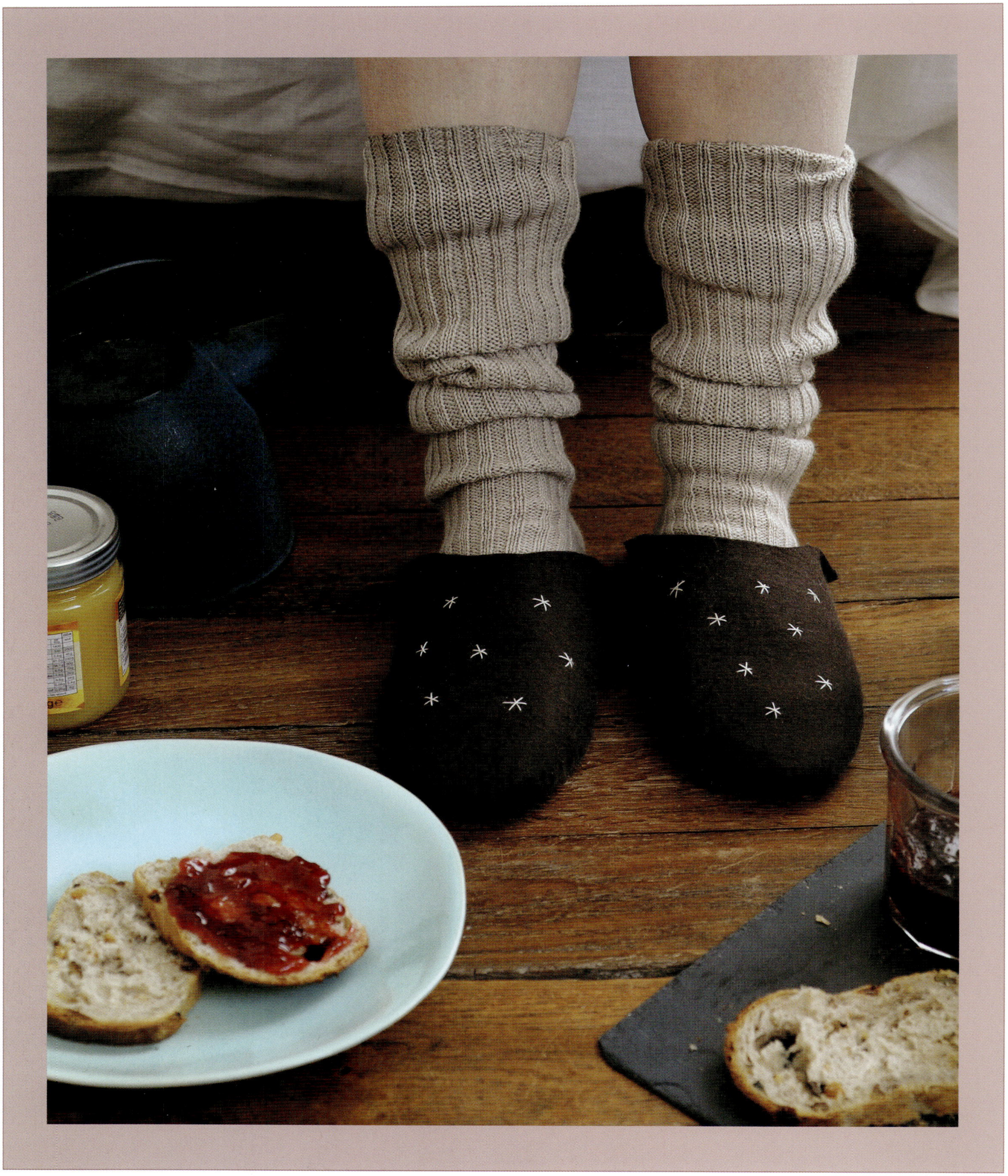

Les babouches

Pointures 36, 37, 38, 39, 40 (patron page 134, 135 et 136)

FOURNITURES
1 carré de feutre de laine de 40 x 40 cm
Chutes de coton imprimé et de tissu-éponge
Coton à broder naturel
Peinture relief pour tissu

COUPE
Dessus : coupez 2 fois en feutre
Arrière : coupez 2 fois en feutre
Semelle : coupez 2 fois en feutre, 2 fois en coton imprimé et 2 fois en tissu-éponge
Les rentrés de couture compris sont de 5 mm

Brodez le dessus des babouches d'étoiles au point lancé, en les répartissant irrégulièrement.
Assemblez le dessus et l'arrière de la babouche, endroit contre endroit. Bâtissez les coutures de côté.
Piquez. Assemblez le dessus de la babouche avec la semelle en feutre, endroit contre endroit, en faisant correspondre les repères. Bâtissez tout le tour puis piquez. Retournez la babouche sur l'endroit.
Pliez l'arrière à l'intérieur de la babouche. Assemblez une semelle en coton imprimé avec une semelle en tissu-éponge, endroit contre endroit. Bâtissez tout le tour en laissant une ouverture de 3 cm sur un côté. Piquez. Crantez les rentrés de couture. Retournez la semelle sur l'endroit en passant par l'ouverture. Fermez l'ouverture en repliant les rentrés de couture à l'intérieur.
Fixez à points invisibles. Glissez la semelle intérieure dans la babouche.
Procédez de la même façon pour la seconde babouche en veillant à inverser le sens pour avoir un pied droit et un pied gauche.
Avec la peinture relief pour tissu, faites quelques points répartis sur la semelle de chaque babouche pour éviter qu'elles ne glissent sur des surfaces lisses telles que du carrelage ou du parquet.

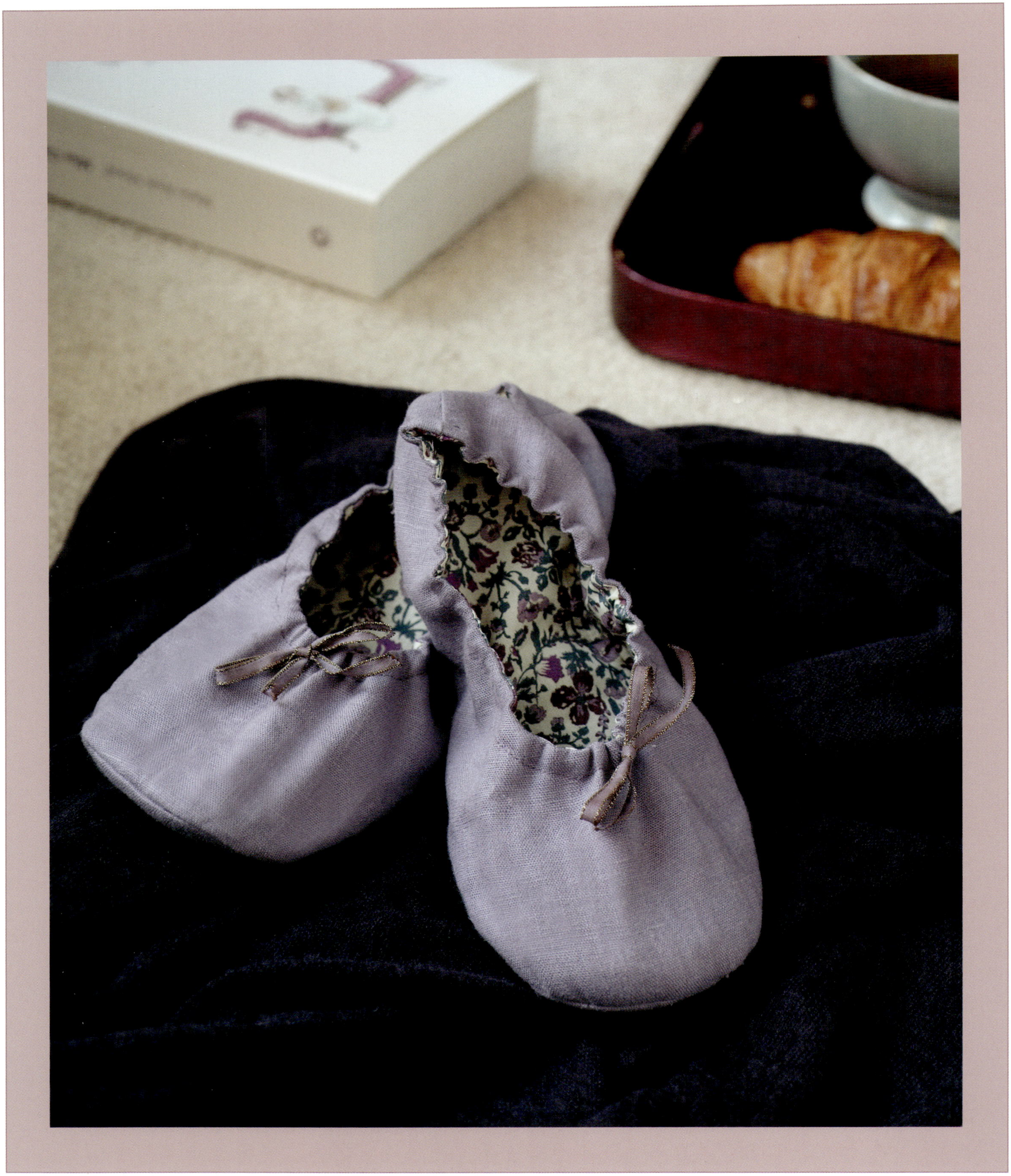

Les ballerines

Pointures 36, 37, 38, 39, 40 (patron page 136 et 137)

FOURNITURES

30 cm de lin

30 cm de coton imprimé

230 cm de molleton de coton

50 cm de ruban étroit

80 cm d'élastique de 5 mm de large

Peinture relief pour tissu

COUPE

Dessus : coupez 2 fois en lin et 2 fois en coton imprimé

Semelle : coupez 2 fois en lin, 2 fois en coton imprimé et 2 fois en molleton

Les rentrés de couture compris sont de 5 mm

Bâtissez la couture de l'arrière du dessus de la ballerine, endroit contre endroit. Piquez.
Procédez de la même façon pour la doublure en coton imprimé en arrêtant la couture à 1,5 cm du bord.
Superposez les semelles en lin, en molleton et en coton imprimé, en prenant la semelle en molleton entre les semelles en lin et en coton imprimé. Bâtissez pour maintenir ensemble lors de la suite du montage.
Soutenez la pointe de la ballerine en lin. Assemblez les 3 épaisseurs de la semelle avec le dessus en lin, endroit de la ballerine en lin contre endroit de la semelle en lin, en faisant correspondre les repères de montage A ou B. Piquez toutes les épaisseurs.
Assemblez le dessus de la ballerine en lin avec la ballerine en coton imprimé, endroit contre endroit.
Bâtissez en faisant correspondre les coutures arrière. Piquez tout autour. Crantez les rentrés de couture.
Rabattez la doublure à l'intérieur de la ballerine. Faites un rentré au bord du dessus en doublure et bâtissez le long de la piqûre de montage de la semelle. Fixez à points invisibles.
Surpiquez le dessus de la ballerine à 7 mm du bord. À l'aide d'une épingle à nourrice, glissez un élastique de 34 (35, 36, 38, 40) cm dans la coulisse de la ballerine en passant par l'ouverture laissée dans la couture de l'arrière de la doublure. Cousez les 2 extrémités de l'élastique ensemble.
Fermez l'ouverture à points invisibles.
Procédez de la même façon pour la seconde ballerine.
Cousez un morceau de ruban de 25 cm sur chaque ballerine au milieu devant.
Faites un petit nœud sur chaque ballerine.
Avec la peinture relief pour tissu, faites quelques points répartis sur la semelle de chaque babouche pour éviter qu'elles ne glissent sur des surfaces lisses telles que du carrelage ou du parquet.

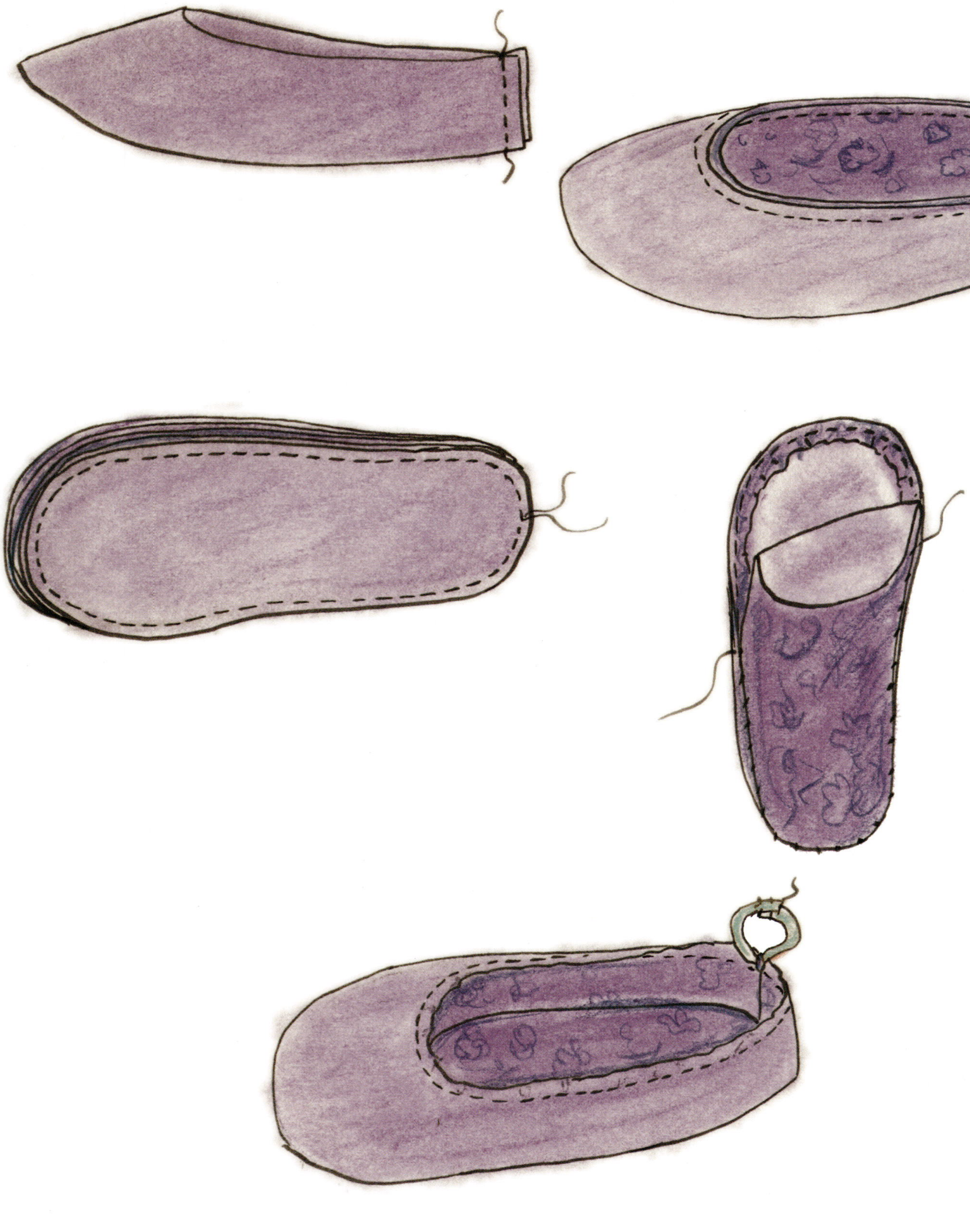

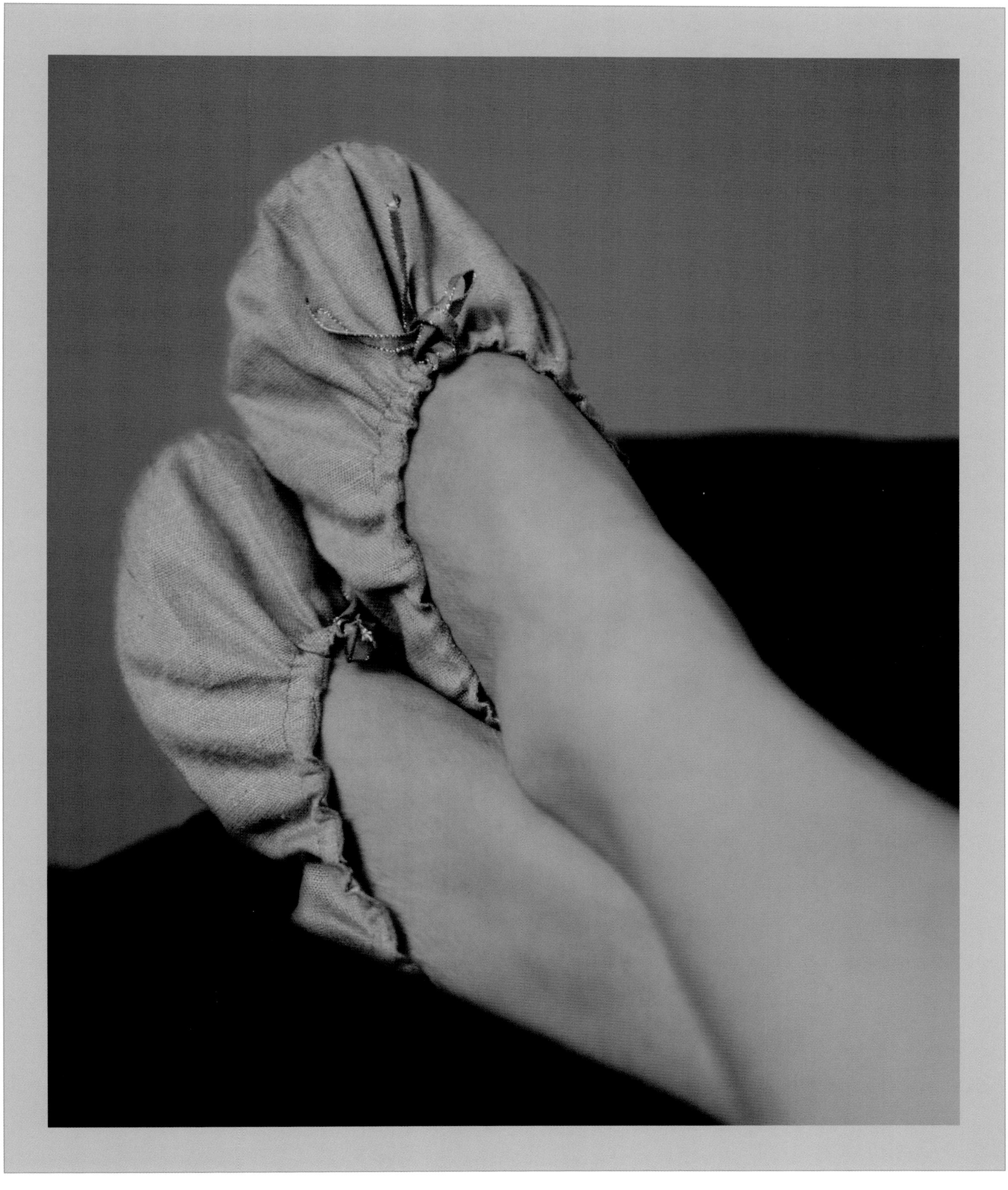

Le coussin de repos et d'allaitement

(patron planche 2 en rouge)

Ce coussin est très utile pendant la grossesse, car il vous permettra de trouver une position confortable pour vous reposer. Allongée sur le côté, il vous soutiendra et vous aidera à vous caler pour lire ou pour dormir. Il peut aussi être très pratique pour surélever vos jambes et les soulager.
Après la naissance, il vous permettra d'allaiter ou de donner le biberon, confortablement en vous calant le dos ou en reposant votre bras sur le coussin placé sur vos genoux.
En nouant les rubans placés à chaque extrémité, il peut aussi se transformer en petit nid sur lequel allonger votre bébé dans les premières semaines. Ou encore, il peut servir à caler votre bébé lorsqu'il commencera à s'asseoir.
Ce coussin sera parfait réalisé dans une toile de lin naturel, douce et confortable, avec un rembourrage de préférence en matière naturelle. Pour faciliter son entretien, il est conseillé de confectionner une ou plusieurs housses en coton ou en lin, que vous pourrez aisément changer et laver en machine.

FOURNITURES
Pour le coussin :
1 m de lin naturel en 150 cm de large
Rembourrage
Pour la housse :
1 m de cotonnade en 150 cm de large
1 m 20 de ruban étroit

COUPE
Pour le coussin : coupez 2 fois en double sur la pliure en lin naturel
Pour la housse : coupez 2 fois en double sur la pliure en ajoutant le rabat

Assemblez les deux pièces du coussin, endroit contre endroit. Piquez tout autour en laissant une ouverture de 12 cm pour rembourrer le coussin. Crantez légèrement les rentrés de couture dans les arrondis. Rembourrez le coussin sans trop tasser pour qu'il ne soit pas trop dur et reste suffisamment souple. Fermez l'ouverture à points invisibles.
Pour la housse, coupez 2 morceaux de ruban de 30 cm de long. Bâtissez ces rubans à chaque extrémité d'une des pièces de la housse.
Assemblez les deux pièces de la housse, endroit contre endroit. Bâtissez tout autour et de chaque côté du rabat. Les rubans se trouvent entre les deux épaisseurs de tissu. Piquez. Crantez légèrement les rentrés de couture dans les arrondis. Retournez la housse sur l'endroit. Faites un ourlet rentré de 0,5 cm aux bords du rabat. Surpiquez. Cousez un morceau de ruban de 30 cm sur chaque côté du rabat. Lorsque le coussin est dans la housse, repliez le rabat vers l'intérieur de la housse et nouez les rubans pour fermer la housse.

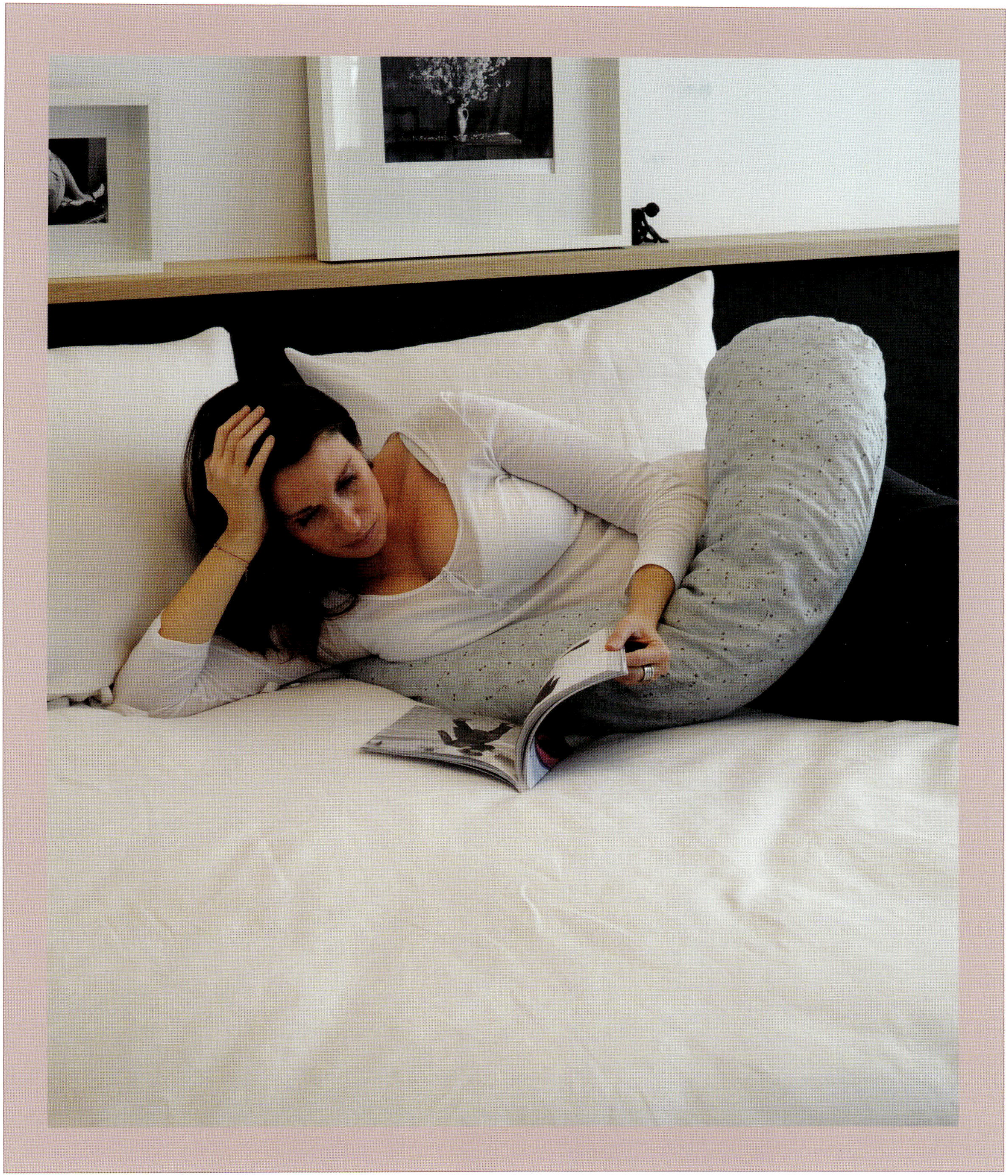

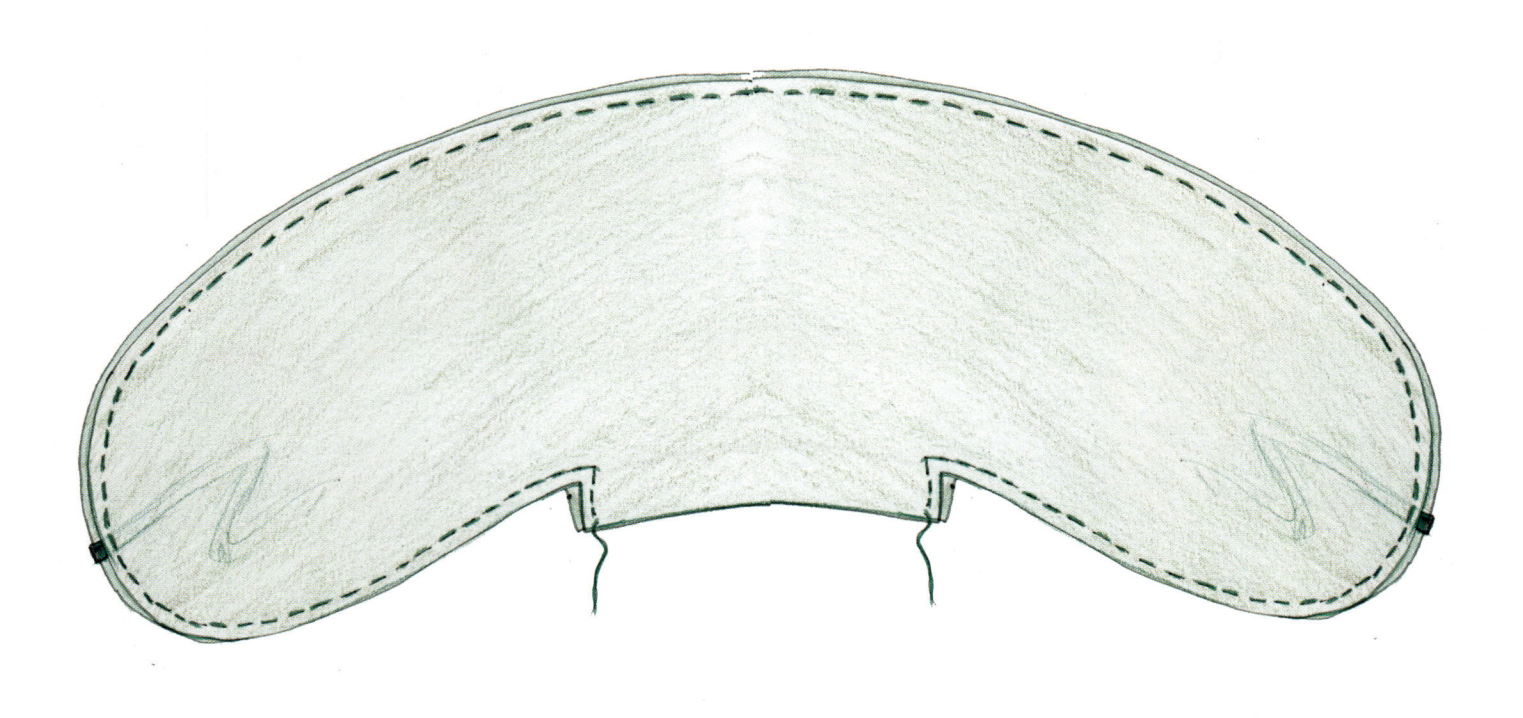

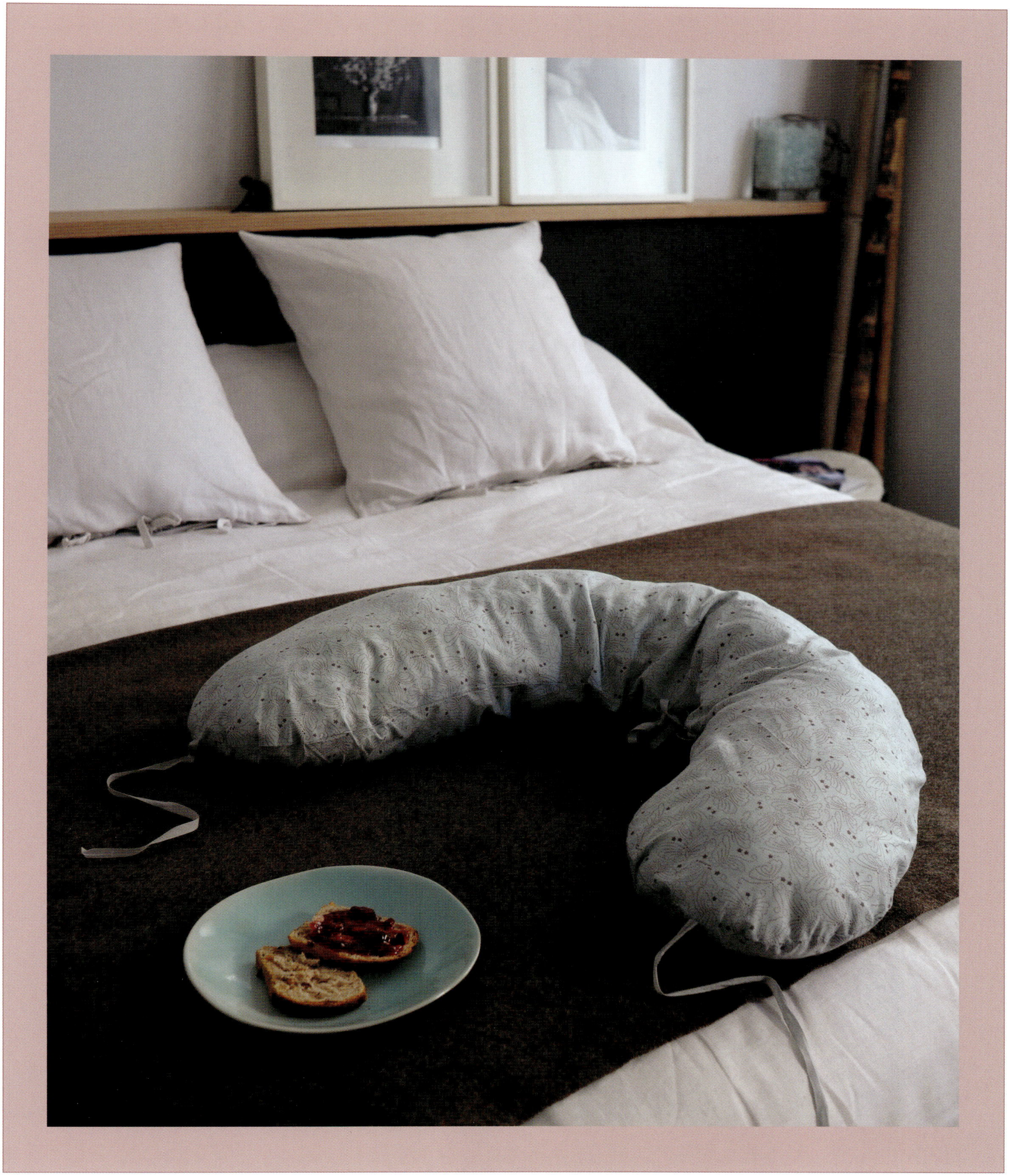

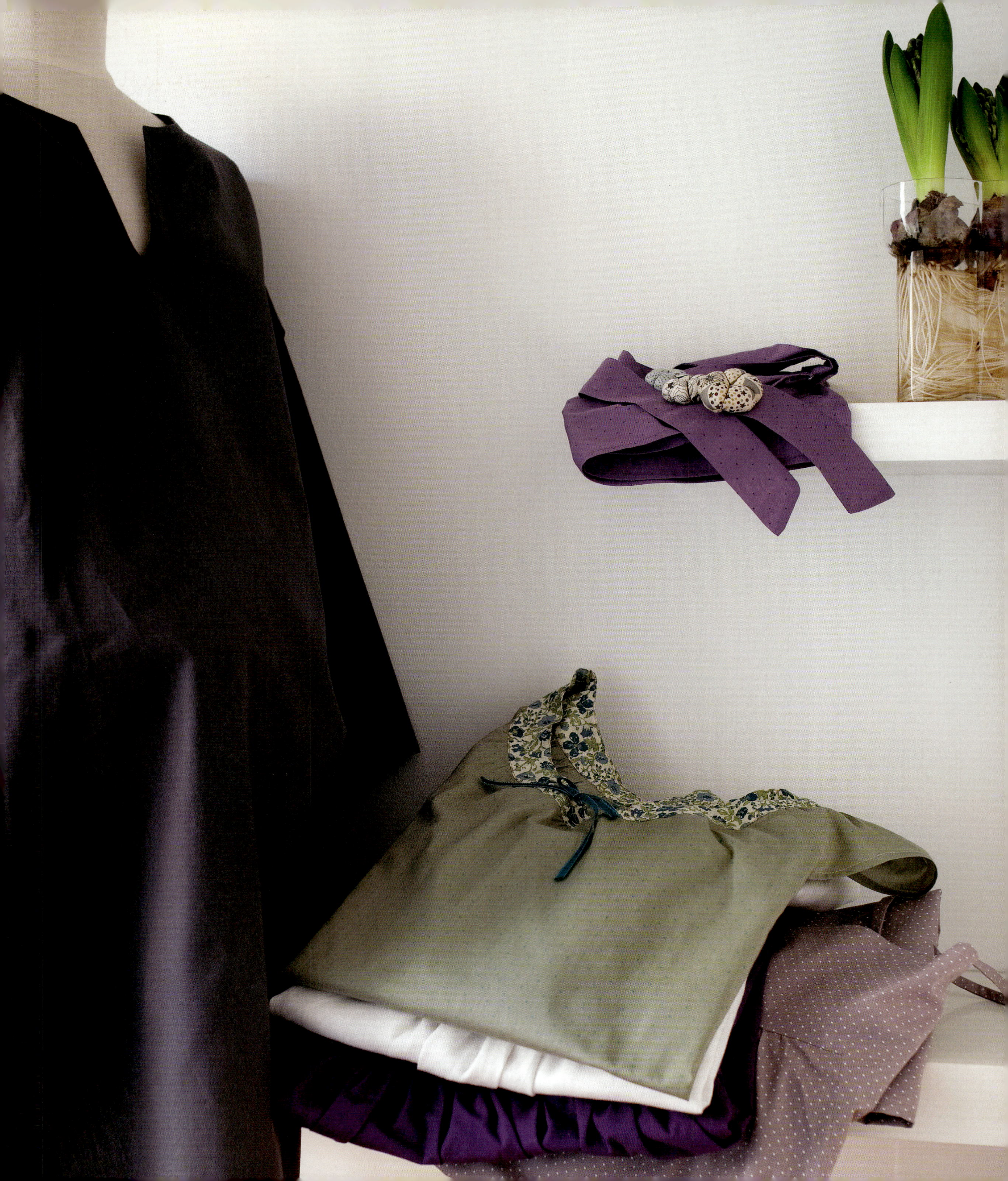

Les patrons

LES ACCESSOIRES

Les broches en fleurs de cerisier, p. 111

grande fleur

fleur moyenne

petite fleur

grande fleur
rox

petite fleur
rox

LES ACCESSOIRES

Les babouches, p. 125

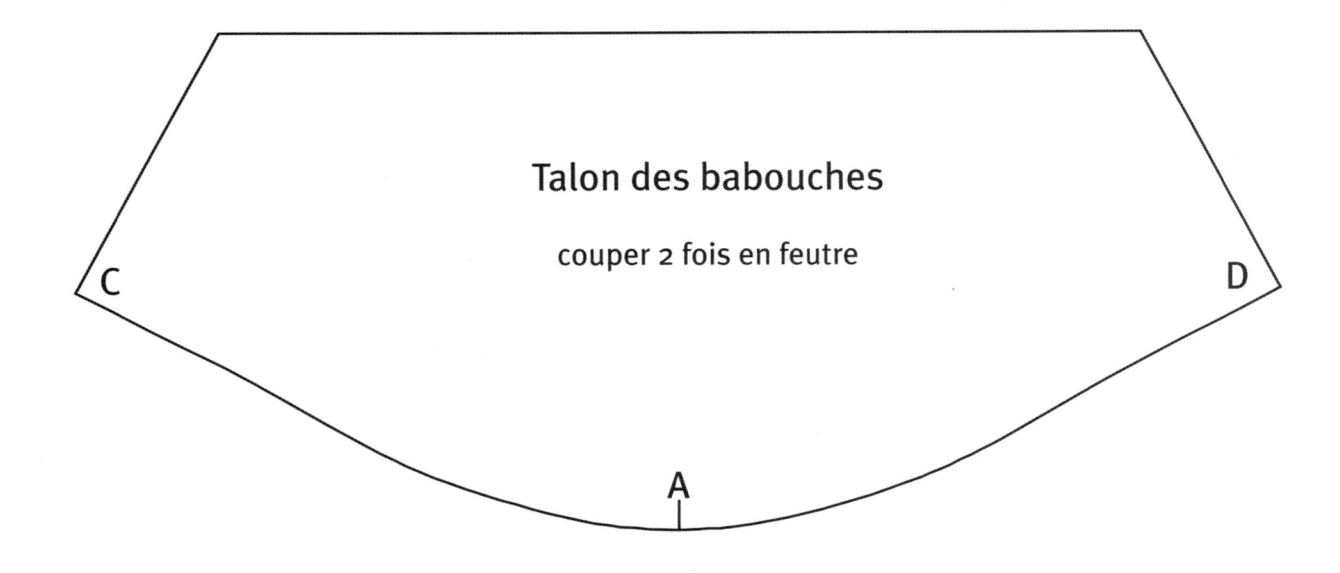

Talon des babouches

couper 2 fois en feutre

C

D

A

B
B
B
B
B

40
39
38
37
36

milieu devant sur la pliure

Dessus des babouches

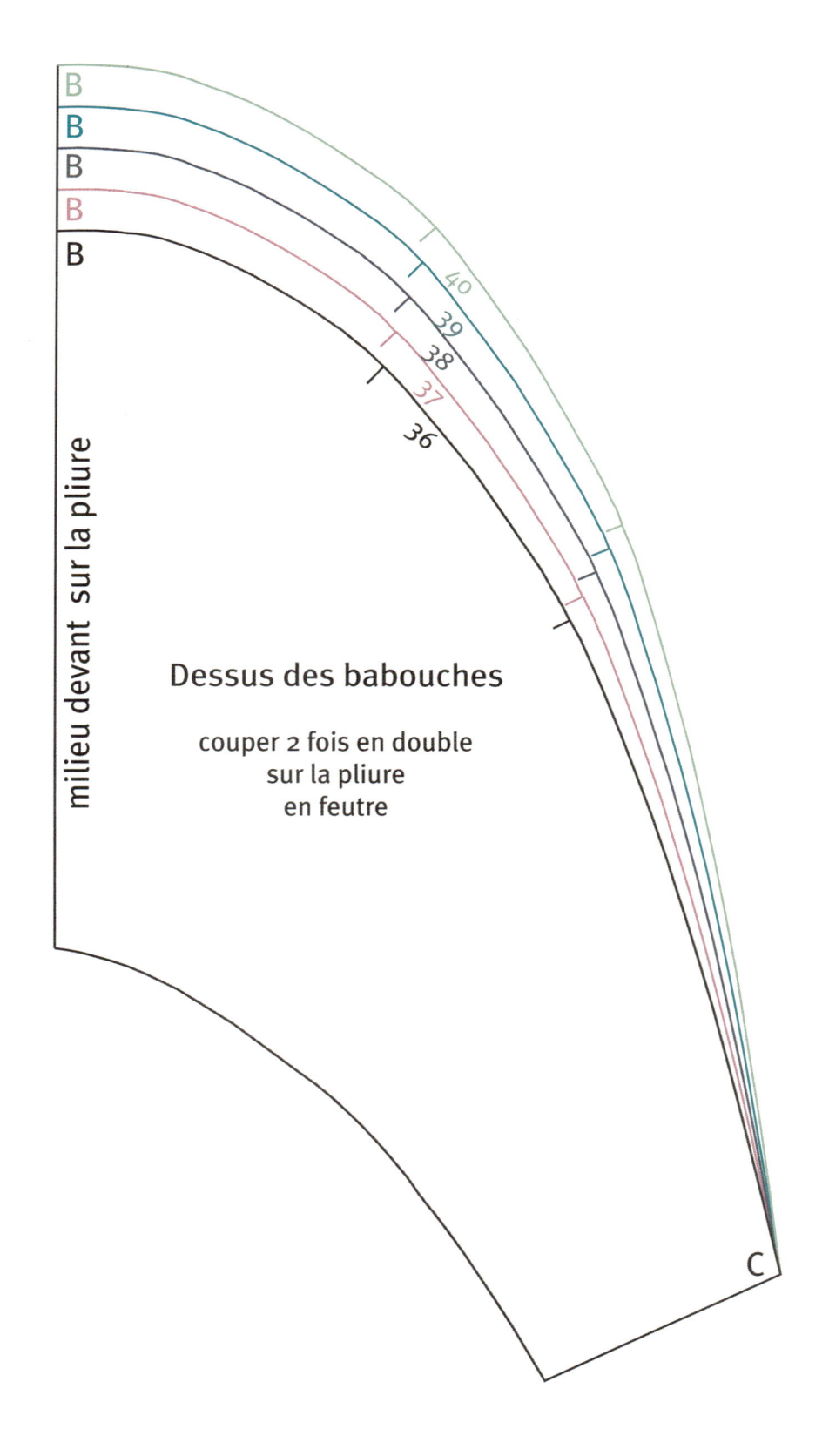

couper 2 fois en double
sur la pliure
en feutre

C

LES ACCESSOIRES

Les ballerines, p. 127

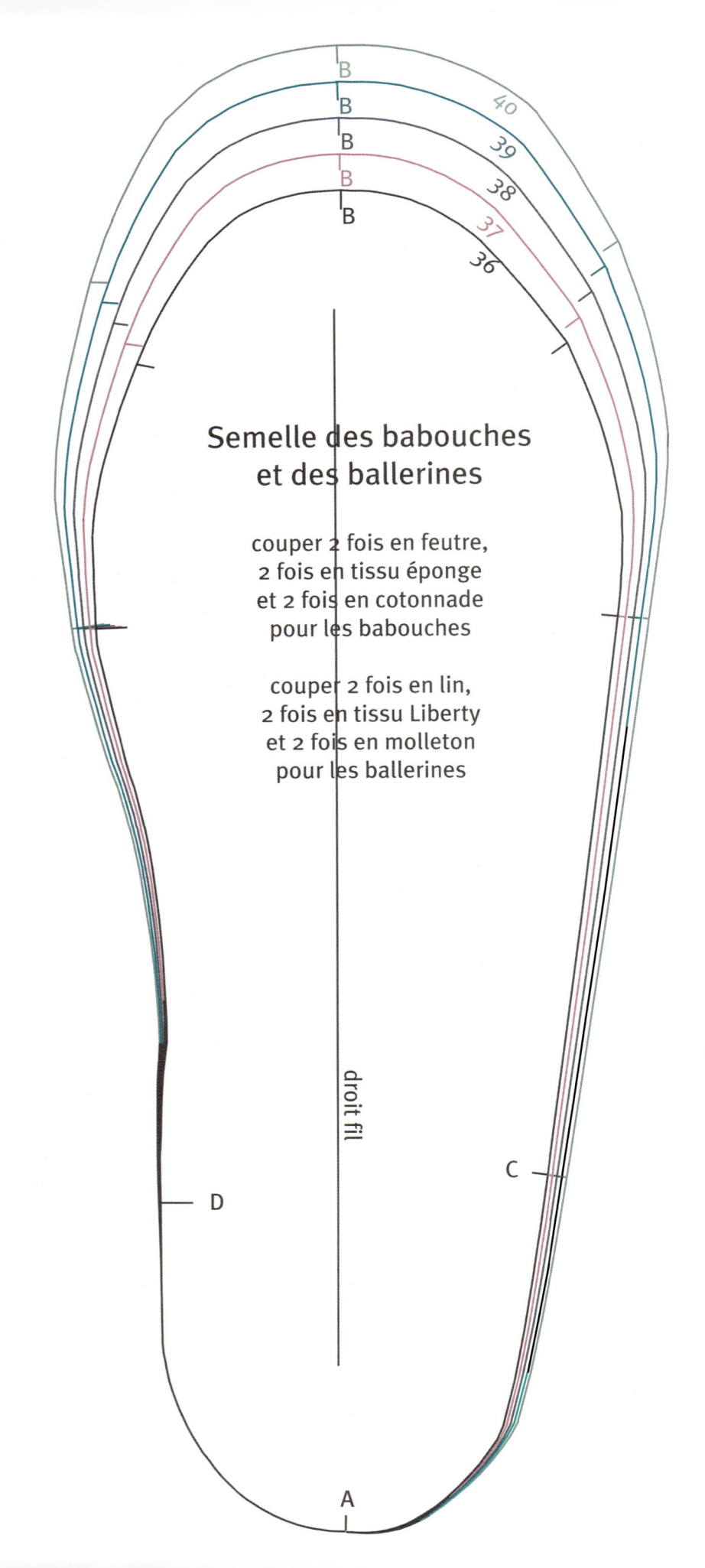

Semelle des babouches et des ballerines

couper 2 fois en feutre,
2 fois en tissu éponge
et 2 fois en cotonnade
pour les babouches

couper 2 fois en lin,
2 fois en tissu Liberty
et 2 fois en molleton
pour les ballerines

droit fil

Dessus des ballerines

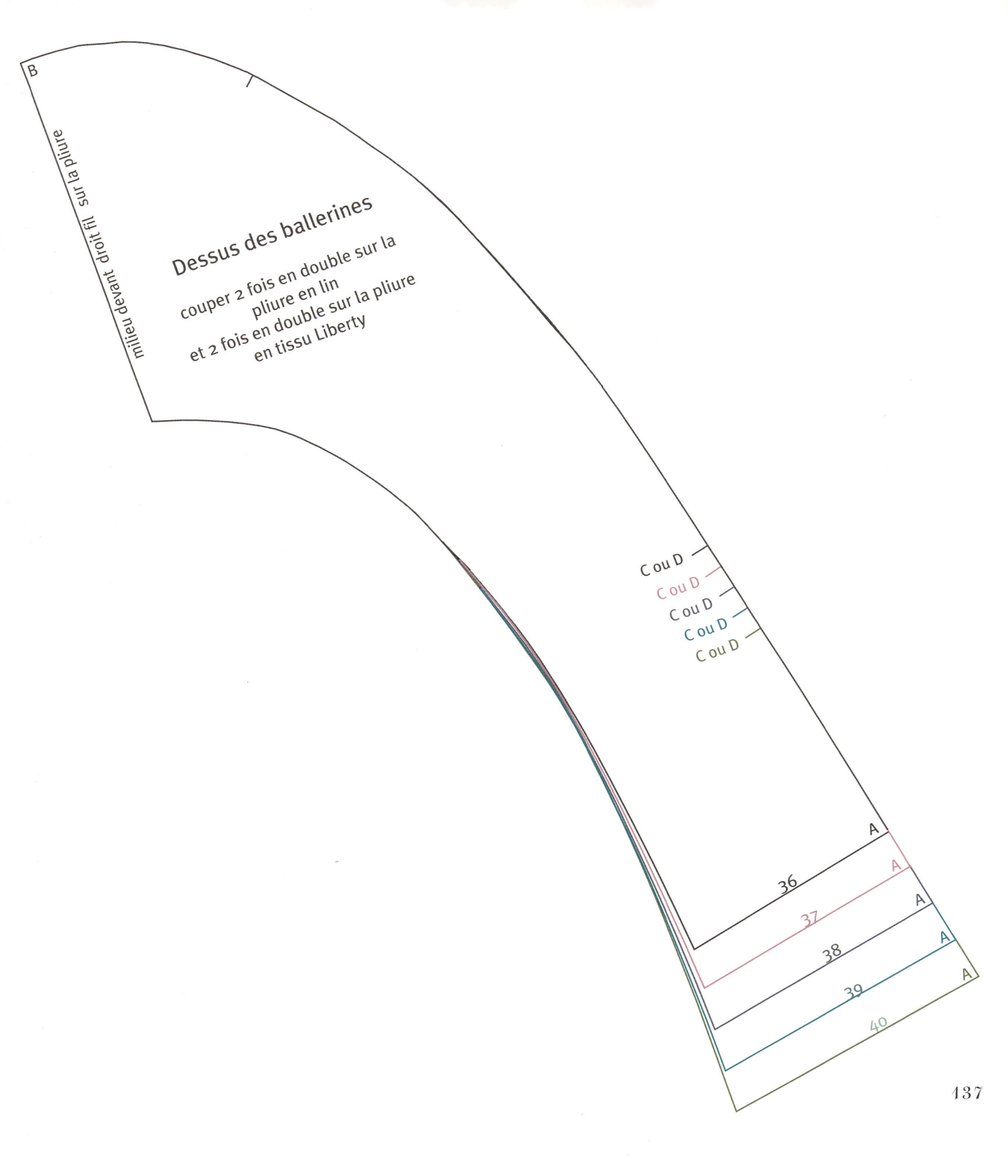

couper 2 fois en double sur la
pliure en lin
et 2 fois en double sur la pliure
en tissu Liberty

milieu devant droit fil sur la pliure

B

C ou D
C ou D
C ou D
C ou D
C ou D

A
36
A
37
A
38
A
39
A
40

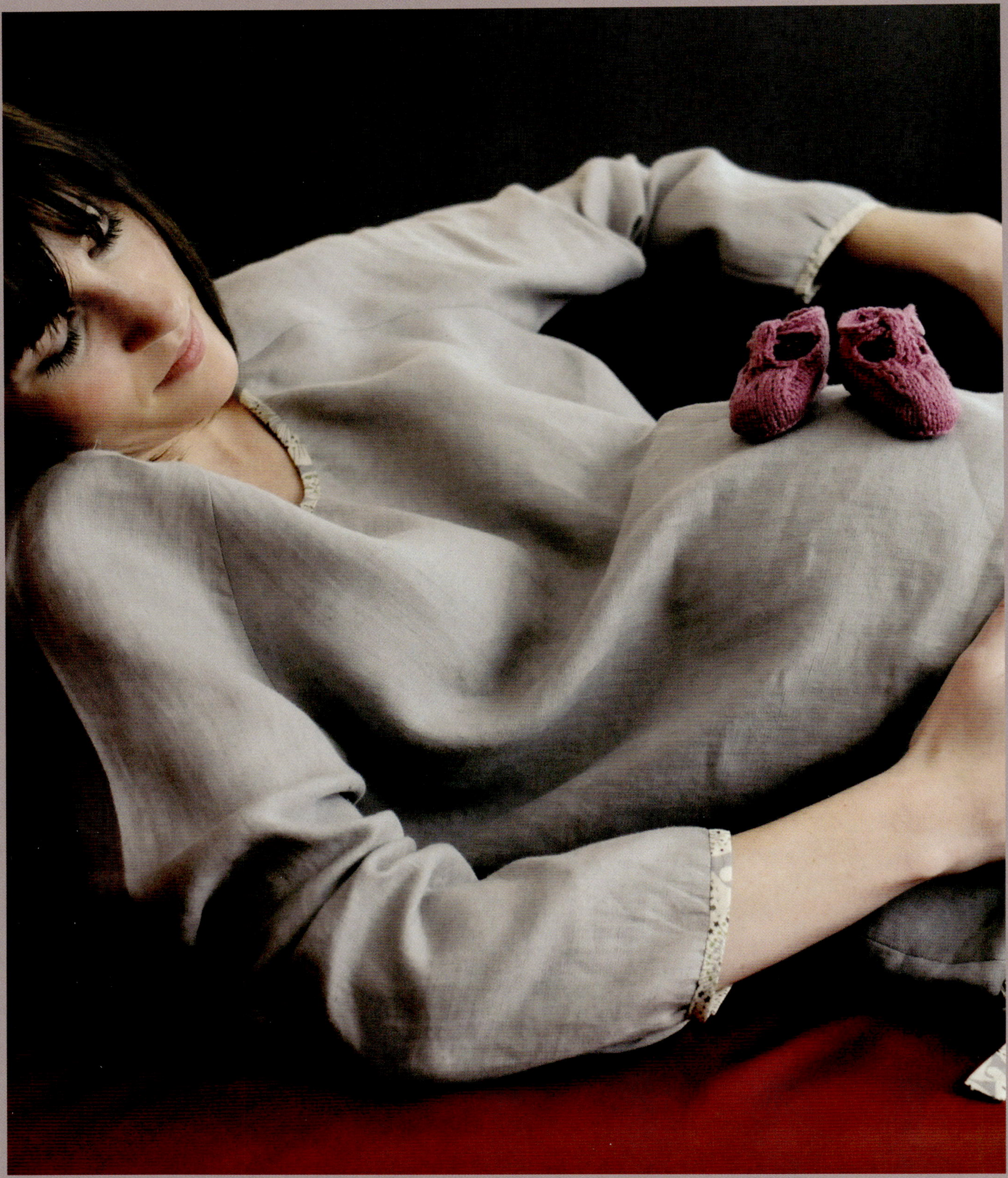

Carnet d'adresses

CITRONILLE
Patrons, fiches tricot et tissus
www.citronille.com

ENTRÉE DES FOURNISSEURS
Mercerie, ouvrages, boutons,
rubans et tissus Liberty
8, rue des Francs-Bourgeois
75003 Paris
www.entreedesfournisseurs.com

KIDS GALLERY
Meubles et déco pour enfants,
accessoires pour futures mamans
8, avenue de Villars
75007 Paris

COULEUR CHANVRE
Linge de maison écologique
www.couleur-chanvre.com

LES PETITES EMPLETTES
Linge de maison et objets de décoration
www.lespetitesemplettes.com

ESPRIT D'ATELIER
Atelier d'artiste et salon de thé
5, rue du Vieux-Versailles
78000 Versailles
www.espritdatelier.com

MADAME CHACHA
produits de toilette Virginale
pour futures mamans
www.madamechacha.com

MON PLUS BEAU RÊVE
Patrons, tissus et boutons
73, rue de la Paroisse
78000 Versailles

DELACROIX FRÈRE ET SŒUR
10, rue Mercœur
44000 Nantes

LTM
Mercerie et ouvrages
9, rue Poullain-Duparc
35000 Rennes

IMAGINAFIL
81, rue Garibaldi
69006 Lyon

AVANT APRÈS
11, rue des Sœurs-Noires
34000 Montpellier

ANILINE
17, rue Terrasse
63000 Clermont-Ferrand

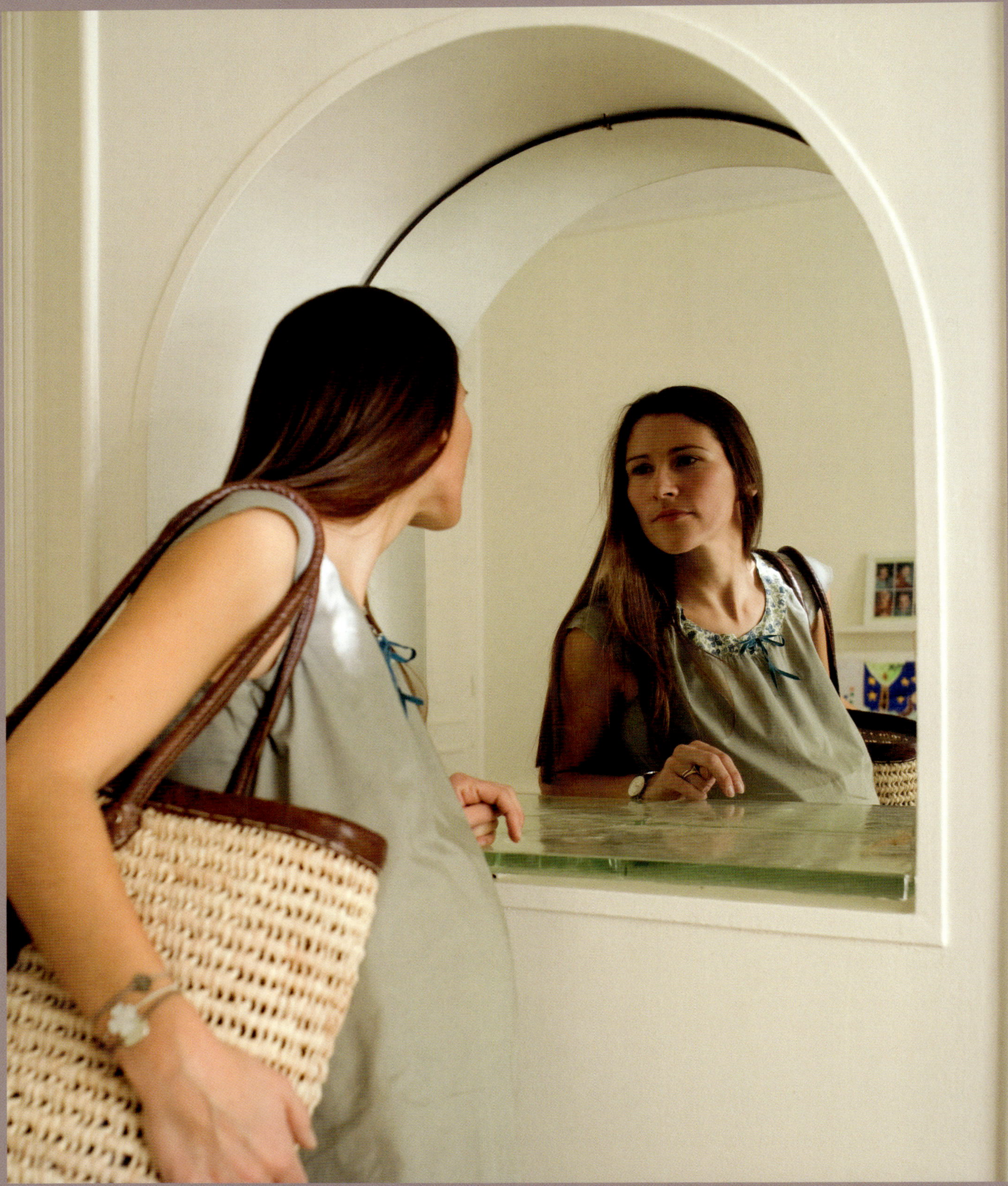

Remerciements

Tout d'abord je tiens à remercier les jeunes femmes qui ont si gentiment accepté de poser pour ce livre,
avec tant de grâce et de bonne humeur : Adélaïde, Charlotte, Julia, Lindsey, Tiphaine, Gaëtane et Sabrina,
ainsi que Julien le futur papa qui lui aussi accepté de poser !

Comme pour les précédents ouvrages que nous avons réalisés ensemble,
je tiens à remercier particulièrement Paul Bertin pour ses photographies, l'écoute qu'il porte à mes demandes
et sa très grande disponibilité, la qualité de ses photos en sont le témoignage.

Je remercie aussi Ryma, mon éditrice, pour son infinie patience et sa compréhension.

Lisa, d'Entrée des Fournisseurs, pour le magnifique choix de tissus, de feutres, de rubans et de boutons si délicats,
qu'elle a mis à ma disposition.

Virginie, la créatrice d'Esprit d'atelier, pour nous avoir accueillis dans ce lieu magnifique et soutenus avec ses délicieux cappuccinos.
Quel régal !

Violette de Couleur Chanvre pour le linge de lit écologique, en chanvre naturel teint uniquement avec des plantes
et particulièrement adapté au confort des futures mamans.

Merci aux amis qui nous ont ouvert leurs portes et autorisés à photographier leurs intérieurs : Charlotte et Stanislas,
Régis et Véronique, Maurad et Brigitte, Charles et Tiphaine, un grand merci pour leur accueil si chaleureux.

Mon mari et mes enfants sont aussi un grand soutien, par leur enthousiasme et leurs encouragements.
Je les en remercie.

Achevé d'imprimer en novembre 2014
par TWP, Singapour

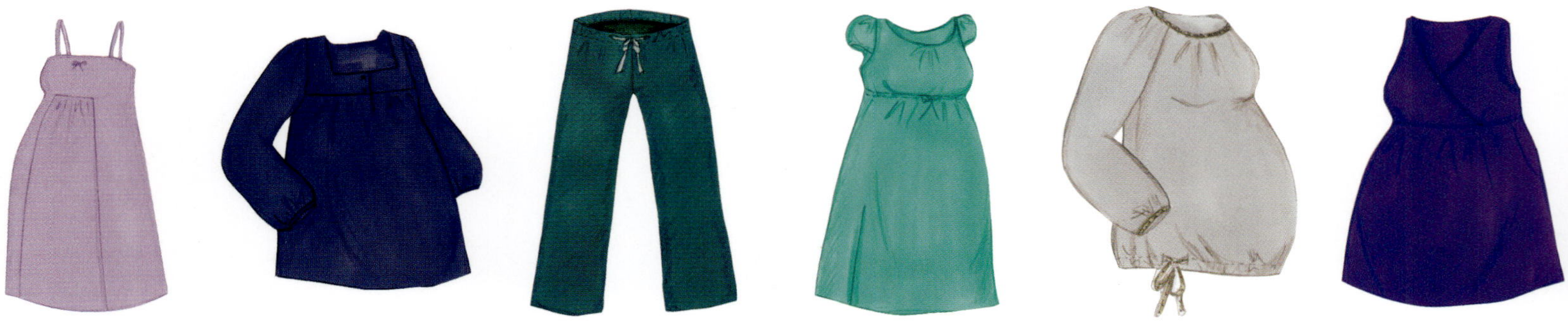